丛书编委会

大家精要

王国维

左玉河 著

Wang Guowei

陕西师范大学出版总社

图书代号 SK16N1161

图书在版编目（CIP）数据

王国维 / 左玉河著. —西安：陕西师范大学出版总社有限公司，2017.1（2024.1重印）
（大家精要）
ISBN 978-7-5613-8669-9

Ⅰ. ①王…　Ⅱ. ①左…　Ⅲ. ①王国维（1877—1927）—传记　Ⅳ. ①K825.4

中国版本图书馆CIP数据核字（2016）第235470号

王国维　WANG GUOWEI

左玉河　著

责任编辑　王西莹
责任校对　陈柳冬雪
封面设计　张潇伊
出版发行　陕西师范大学出版总社
（西安市长安南路199号　邮编 710062）
网　　址　http://www.snupg.com
印　　制　永清县晔盛亚胶印有限公司
开　　本　650 mm × 930 mm　1/16
印　　张　10
字　　数　100千
版　　次　2017年1月第1版
印　　次　2024年1月第4次印刷
书　　号　ISBN 978-7-5613-8669-9
定　　价　45.00元

目　录

引　子

王国维堪称近代中国最富创见性的学术大师。他早年爱好西方文学与哲学，中年以后转而研究宋词和宋元戏曲，晚岁专治殷墟龟甲文字。他学识博大精深，著述宏富，精通日、英、法诸国文字，先后在哲学、文学、戏曲史、甲骨古文、古器物、殷周史、汉晋木简、汉魏碑刻、汉唐史、敦煌文献及西北地理、蒙古史、元史、图书管理学、版本目录学等多学科研究中作出了重大贡献。

陈寅恪认为王国维的学术成就“几若无涯岸之可望、辙迹之可寻”。他从三方面总结了王国维的学术内容和治学方法，即“取地下之实物与纸上之遗文互相释证”“取异族之故书与吾国之旧籍互相补正”“取外来之观念与固有之材料互相参证”，并认为据此在考古、上古史、边疆史地、文艺评论等许多方面取得的成就“皆足以转移一时之风气，而示来者以轨则”。

王国维虽然离开我们已近百年了，但他在各种考释、校注、跋论、专文中阐发的真知灼见，经过长期的实践检验，证明是符合历史实际的“不易之论”，为中外学术界所敬仰。

作为一代学术大师，王国维平生钻研学问而无穷尽，主要活动集中于学术领域。他平日深居简出，生活俭朴，不介入政治圈子，不营生计，不交权贵，不慕荣华，不图享受。他虽交游不广，然与同时代之学术界人士有广泛接触，除了与罗振玉、缪荃孙、沈曾植等人交往较密外，他还与国内外数十位知名学者通信论学，在国内外学术界有巨大影响，享有崇高的国际盛誉。

王国维以其杰出的贡献在国内外学术界有着独特的地位。王国维自沉之后，古史辨派的领军人物顾颉刚就高度评价说："静安先生在廿余年前治哲学，文学，心理学，法学等，他的研究学问的方法已经上了世界学术界的公路。自从跟了罗氏到日本，始把这些东西一齐丢掉，专力于考古学及史学。他对于商代甲骨，周秦铜器，汉晋简牍，唐人写本，古代生活，种族历史，社会制度，都要研究，他用的方法便是西洋人研究史学的方法，不过这一点他因为和遗老的牌子有些冲突，所以讳莫如深而已。他对于学术界最大的功绩，便是经书不当作经书（圣道）看而当作史料看，圣贤不当作圣贤（超人）看而当作凡人看；他把龟甲文、钟鼎文、经籍、实物，作打通的研究，说明古代的史迹；他已经把古代的神秘拆穿了许多。"

一向苛以誉人的鲁迅先生称赞"他才可以算一个研究国学的人物"。当代大文豪郭沫若认为他的论著"领着百万后学"。国学大师吴文祺指出：他是以西洋的文学原理来批评中国旧文学的第一人，"无疑，在黑暗的中国文学批评界，王国维是一盏引路的明灯"。

历史学家缪钺在《王静安与叔本华》中高度称赞说："海宁王静安先生为近世中国学术史上之奇才。学无专师，自辟户牖，生平治经史，古文字，古器物之学，兼及文学史，文学批评，均有深诣创获，而能开新风气，诗词骈散文亦无不精工，其心中如具灵光，各种学术，经此灵光所照，即生异彩。论其某方面之广博，识解之莹彻，方法之谨密，文采之精洁，一人而兼具数矣，求诸近三百年，殆罕其匹。”

王国维平生学无专师，自辟户牖，成就卓越，贡献突出，在教育、哲学、文学、戏曲、美学、史学、古文学等方面均有深诣和创新，为中华民族的文化宝库留下了广博精深的学术遗产。

王国维一生的学术活动及其思想，大体分为四个时期：

第一个时期（1877~1894），十八岁以前的少年时代。他接受了传统的教育，主要是通过私塾和课外自学打下了经史小学基础。

第二个时期（1894~1911），从家乡海宁到上海，追求新学的时期。他学习并研究了康德、叔本华等人的哲学思想，力图用自己掌握的新思想总结中国文化发展的历史经验，并在文学创作、美学上作出了划时代的贡献，这是他研究文学和美学的时期。

第三个时期（1911~1923），辛亥革命后随罗振玉退避到日本作寓公，开始钻研中国古代经史的时期。他前半段在日本研究，长于古代史、甲骨文、考古、音韵之学；后半段回到上海，在英国人哈同创办的学校中教书，编辑学术杂志，并自编《观堂集林》，在国学研究方面取得了卓著成绩。

第四个时期（1924~1927），从上海到北京，虽然一度担任逊清皇帝溥仪的文学侍从，但主要精力仍在学术研究上。1925年后，他出任清华国学院导师，在学术上作了多方面的开拓。这是他学术研究的丰收时期，也是他人生的顶峰时期。

第1章

旧学新知

颇为自豪的忠烈之后

王国维，初名国桢，字静安，亦字伯隅，初号礼堂，晚号观堂，又号永观。1877年（光绪三年）12月3日生于浙江海宁州盐官镇双仁巷，十岁时全家迁到盐官西南隅周家兜。

海宁州，即今浙江省海宁市，位居浙江北部，钱塘江口北岸。其州城当时在盐官，修建于钱塘江边。其地经济繁荣、文化发达，清代盐官陈氏有“一门三阁老，六部五尚书”之誉。王国维旧宅地“双仁巷”，原有“双仁祠”，为纪念曾任浙西节度使的唐代书法家颜真卿及其从兄颜杲卿两兄弟的忠节而立祠名巷。这样的一种文化氛围，给幼年的王国维留下了深刻的印象。

盐官最扬名于世的，是被称作“天下奇观”的钱塘江大潮。王国维故居南面几百米远处，便是举世闻名的钱江一线潮汇合处。从南北两岸卷起的白浪，呼啸而来，神奇地汇合在一起，咆哮着西去，就像传说中伍子胥统御的千军万马齐头狂奔，天地为之震撼。差不多十二小时后，夜潮一样汹涌而至。

年年月月，观潮听潮，潮来潮又往，多年之后，王国维以一首《虞美人》这样追忆钱江夜潮："海门空阔月皑皑，依旧素车白马夜潮来。"用"素车白马"来比拟钱江夜潮，足见王国维心中寄托了对伍子胥的追念。

他所要表达的，或许也是一种政治上的见识：国破家亡之际，就算自己身死了，灵魂也要守着家园，也要与山河同在。

王氏家族的先世祖籍在北宋汴京（今河南开封）。《宋史》有王氏先世王圭、王光祖传。远祖王圭、王光祖、王禀、王荀四世，均战功显赫，其中王圭、王禀及王荀均死于北宋之国难。特别是其先祖王禀，北宋靖康元年在太原抵抗金兵，守城御敌，壮烈殉国，是一位勋绩卓著的民族英雄。王禀之孙王沆，随宋高宗南渡，袭安化王爵，赐第浙江盐官，王氏家族遂定居于此。

到王国维的父亲王乃誉时，其家族已是宋安化郡王三十二世裔孙，在海宁生活了八百余年。海宁旧有安化王祠，始建于明弘治年间，嘉靖壬子年间毁于大火。后虽又重建，并移之邑治之东，但到王国维出生时，旧祠已不复存在。

王氏家族因抗金名将王禀及后世受赐安化王爵而闻名，在海宁受到当地民众的长期敬仰。王国维对自己的先祖深感自豪，曾撰有《补家谱忠壮公传》予以纪念。

王氏家族虽然有过光宗耀祖的历史，但到了王国维的父亲王乃誉的时代，社会地位低微。这种家境给人的压力更为强烈，王乃誉有诗云：粗衣淡饭苦难全，莫为奢华体面牵。试看几多炊囊绝，何如守我旧青毡。如此窘困的家庭气氛，对幼年王国维的性情，产生了相当深远的影响。

性情忧郁的小秀才

从1877年出生到1899年赴上海就读农学社以前，王国维的童年及青少年时期主要是在故乡海宁度过的。四岁时，他的生母凌氏不幸病故。当时他的姐姐蕴玉才九岁，本身还没有自立的能力，但已能照应弟弟了。王国维十一岁之前，他父亲一直在外地谋生。于是，他自幼依赖祖姑母范氏及叔祖母抚养。他的弟弟王国华对他年幼时的印象，就是“寡言笑”。

幼年的家庭变故，养成王国维孤僻的性格。这种忧郁沉潜的气质、天才的禀赋，早在少年时已有显露，并养成了他一生沉静好思的习惯。过早地喜欢思考人生问题，更增加了他的忧郁与痛苦。

王国维的读书生活，主要受到其父王乃誉的影响。王乃誉，字与言，号莼斋，早年读书并曾经习贾于茶漆肆，于贸易之暇，攻书画、篆刻、诗古文辞，博涉多才，治学精进不穷，尤于书法、画理用力最勤，著有《游目录》八卷，《古钱考》一卷及其他文稿，题画诗数卷。王国维幼年就生活在这样一个有着深厚传统文化修养的家庭里。

王国维对书籍的喜欢，与其父的长期熏陶是分不开的。王乃誉有着前贤安贫乐道的精神，他不论到哪里，业余时间都攻读诗文、研习书画，每天的常课是临帖数千字。据说他学著名书画家董其昌，不仅形似，而且得其精髓。王乃誉兴致来时，也泼墨作画，还撰写有书画论，创作了很多诗词，坚持记下了三十年的日记。

当王国维十一岁时，王乃誉游宦回乡，将主要精力放在教育子女读书上。他还种竹养鱼，吹箫吟曲，过着一种自娱自乐的隐士般的生活。

王乃誉相当重视子女的教育，对王国维及弟弟王国华要求很严，甚至近乎苛刻。王乃誉曾在日记中写过对王国维的培养计划：读经书、考秀才、中进士，经世致用，光宗耀祖。因此，王国维自小受到严格的传统文化教育。

1883 年，王国维从七岁起，先后入邻塾从师潘紫贵（绥昌）及陈寿田先生就读，接受塾师的启蒙教育，习读“四书”“五经”。聪颖好学的王国维很得私塾先生的喜爱。其弟王国华在为兄所作《海宁王静安先生遗书序》里忆昔往事时提到：“时先兄才十一耳，诗文时艺早洛洛成诵。”大约这个时候，王国维喜欢上了课外阅读。王国维后来回忆说，家中的藏书有五六箧，几乎被他遍读了。在父亲和塾师的教育下，王国维打下了坚实的旧学基础。

1892 年（光绪十八年），年仅十六岁的王国维考中了秀才，之后到杭州敷文书院进学准备应考。但年少的王国维并不喜欢诵读经书，对于“治举子业”所规定的必修科目用力不专，“略能形似而已”，而对文史之学却爱不释手。

这样的兴趣与性情，决定了他天赋虽高，却与仕途无缘，注定要走一条读书为学之路。

秉性耿介的海宁才子

自小就开始的家庭熏陶和私塾教育，令少年王国维锋芒初露。王国维与同在盐官的陈守谦、叶宜春、福嘉献结成了好友，经常在一起商磋学问。十六岁考上秀才后，他与这几位友人被当地父老乡亲尊为“海宁四才子”，而王国维位居“四才子”之首。据陈守谦记述，那时，他们每天都见面，上下古今，纵论文史，或校勘疑误，鉴别异同，或为辞章，彼此欣赏。在这样的友人聚谈中，王国维的不羁之才开始展露了出来。

王国维开始有选择地进行读书是在考中秀才之后。他自称平生读书之始在十六岁时，“见友人读《汉书》而悦之，乃以幼时所储蓄之岁朝钱万，购前四史于杭州。”这应该是指他赴杭州参加府试的1892年。他在杭州拿出儿时积聚的压岁钱，购得被称作“前四史”的《史记》《汉书》《后汉书》《三国志》等历史著作，爱不释手，以究经史大义为乐，为他后来从事学术研究打下了坚实的基础。据他父亲王乃誉的日记记载，王国维曾在阅读《汉书》时，加上了许多“细批”，并且达到了“三代两汉之书烂熟于胸”的熟知地步。由此可见，王国维由于个人嗜好史书而有志于学后，在历史学方面打下了坚实的基础。

考上秀才之后，王国维在与学友的聚谈中，开始尝试学习清代汉学大师们研求学问的正途——“考据学”。他的这种学问趋向，却受到了父亲王乃誉的坚决反对。他父亲认为，少年学子首要的任务是把文章写得光彩流利，不宜过早去搞什么“考据”。他还对王国维与几位少年友人高谈阔论，指斥前辈学者文章中的疑误，考查古书注释中的错缪颇不以为然，认为这是少年人的“好高骛远”，并且严厉地批评说，这样钻古籍，喜考据，名义为高，实则懒惰；名为有学、不苟且，实则无所作为！正是由于这个缘故，当王国维十八岁时撰文条驳晚清大儒俞樾的《群经平义》时，王乃誉深感不安。

俞樾何许人也？他便是清末独步江南的经学大师俞曲园。

杭州孤山的俞楼就是他的故居。名师出高徒，俞曲园教出了个国学大师章太炎，教出了个国画大师吴昌硕。而《群经平义》是他功成名就后撰成的重要著作，于1866年（同治五年）雕版印行。全书包括了对《尚书》《诗经》《周易》和“三礼”、《春秋》三传以及《论语》《孟子》《国语》《尔雅》的评议。论地位、资望、学问和文章，断非王国维这样的“后生小子”所敢质疑的。

但王国维偏偏不迷信权威，有异议的就批驳，眼里唯有学问。他研习俞樾《群经平义》，并仿其体例，逐条予以批驳。王乃誉见长子正在写驳文，既惊讶，且严词劝阻。他对王国维说：“俞公乃吾浙大名士，众览群经，胸罗万卷，你年纪轻轻，宜自养学问，敬重前辈，何能如此轻率责人？”

王国维秉性耿介，并不以为凡前辈大师就评论不得。在他看来，王充《论衡》里就有了问孔、非韩、刺孟，俞樾的学术观点难道就不能评议吗？学问面前应不分尊卑，一视同仁。王乃誉见阻拦不成，就以过来人口吻开导说，批驳别人，第一，不可太直率，就算确有自己的独立之见，也宜含蓄；第二，要留有余地，谦退为上。否则，一旦说错了，徒然被人斥为狂妄无知；说对了，也会因自尊太过，树敌结怨。

王国维的“条驳”，虽系少年习作，不免气盛，但已显示了他卓然不群的学风：不畏权威，敢与名人争高下；在学问上是则是，非则非，不做谦谦君子。这正是中国现代学者所应具有的基本品格。

在人生的十字街头

王国维自从考入州学后，并未用主要精力准备科举应试，而是在博览群书中产生了对史学、校勘、考据之学及新学的浓厚兴趣，对八股时文不是特别上心，也不喜欢读《十三经注疏》。他二十岁时，三代两汉之古籍已全部熟烂于胸，并以他胸中澎湃着的钱江潮水般的热情和他少年炽热的情怀，写成了著名的《咏史》诗二十首。

正因对八股时文没有兴趣，王国维于1893年（光绪十九年）、1897年（光绪二十三年）两次乡试均名落孙山。

如果在以前，王国维有两个选择：一是继续苦读八股时文，继续沿着科举之路考下去，直到取得功名为止；二是选择坐馆教书或者到幕府中当师爷去，承担起养家糊口的责任。第二条路，就是他的父亲曾经走过的路，因为王乃誉年轻时曾经在江苏溧阳当过幕僚。

既然王国维不愿意继续沿着科考的路走下去，那么，他只能选择第二条路。事实上，王国维在乡试失败后，已经走上了第二条路。十九岁时，作为长子的王国维与海宁春富庵镇莫寅生之孙女莫氏结婚。婚后的生活，有平静的幸福，也背上了经济的重担，他不得不到本地的大户人家就任塾师。

然而，1894年中日甲午战争的失败，改变了王国维的人生命运。甲午战争以后，大量的西方文化科学向中国输入，王国维接触到新的文化和思想，产生了追求新学的强烈愿望。他自称："未几而有甲午之役，始知世尚有所谓新学者，家贫不能以资供游学，居恒怏怏。"虽然因为家贫而不能以资供其外出游学，他仍关心时事，研读外洋政书和《盛世危言》《时务报》《格致汇编》等等。

至1897年，王国维在同邑陈枚肃家任塾师时，已经很不安心在家乡为人做家庭教师了。他恳请父亲请人推荐留洋学堂，向往出国留学。王国维出国留学的愿望未能实现。但到上海接受西学新知的机会却悄然到来了。在上海《时务报》任职的许同商，是王国维的好朋友。他因事返里，请王国维代其职务。一直关注这份报纸的王国维，立即欣然应允，决定告别家乡，到更为广阔的新天地中去接受新知。

到上海研求西学

1898 年阴历正月，王国维由父亲王乃誉亲自陪送，踏上了赴上海求学的航程。他们是乘王升记轮由水路抵沪的。

那时，汪康年与夏曾佑在上海办《时务报》。王国维获得《时务报》聘任，为同乡许同商引荐，开始以代理许同商工作的方式进入《时务报》。当时俗语说“家家言时务，人人谈西学”。著名学者胡适甚至称这个时代为《时务报》的时代。梁启超撰写的许多笔锋常带感情的文章，就是在《时务报》上发表的。不过王国维入《时务报》馆时，梁启超已离开《时务报》，到湖南创办时务学堂去了。

王国维在报社任书记之职，并作校对工作庶务，具体工作为校对报纸、代写信函、校对书籍等。他每月薪水只有十二元，生活相当拮据。在这生活苦闷的日子里，罗振玉在上海创办的东文学社，为王国维的生活带来了一线曙光。

东文学社的署名发起者虽有汪康年、邱宪、罗振玉等人，但实则由罗振玉一手策划操办，并有日本学者藤田丰八（剑峰）襄助。罗氏在当时撰写的《东文学社章程》中，解释成立东文学社的原因有三：一、因将来中东（日本）交涉之事必繁，而通东文者甚少故；二、因译书译报，动须远聘故；三、因中东人士语言不能私通，将来交接，种种不便故。

该章程对收受学生有明确规定：学生不限年龄，要求三十岁以内，十五岁以上，必须精通中文，方可入学；学习期限三年，不满三年而学成者，亦可提前毕业；学生可寄宿，亦可走读，食宿费自理，每人每年应缴学费二十元；缴费生学成后充学社教习或报馆翻译，皆可由学社推荐或聘用。对贫困生免费入学，则作了特别规定：学生贫苦不能出修金者，经保人担保，亦可来社习学，不出修金。但将来学成，必在社翻译，以译资酬学费。其供职之年如所学之年，翻译限内容。欲他就者，向担保加倍索偿学费。

这所学社，可以称得上是近代中国第一所日语专门学校，具备了后来的外语专科学校之雏形，适应了那时不能负笈出洋的青年学子渴望学习日语的需要。王国维得知罗氏创办东文学社之后，当即向报馆经理兼学社发起者之一的汪康年提出了去东文学社就读的请求。

思想开明的汪康年立即允应，准其半工半读，每天午后去东文学社读三个钟点日文。这样，王国维以羸弱之体，在生活十分清苦的情况下，开始入东文学社，师从日本教师藤田丰八、四岗佐代治，在学习日文之余，兼学英文及数理等。

王国维在《时务报》的工作十分繁杂，没有时间复习。学了一个月之后，考试不及格。按照学社章程规定，本来是要退学的。据罗振玉在王国维逝世以后写的回忆文章说，他见到一名东文学员的扇子上王国维题的诗句“千秋壮观君知否，黑海东头望大秦”，认为王氏出手不凡，予以关切，没有让他退学。

按照东文学社章程规定，贫困学生必须为学社译书以补偿学费。家境贫寒的王国维为了尽早学好日文和英文，下了极苦的功夫，力争做到学以致用，一边学习日文，一边尝试翻译。正是本着学以致用的精神，王国维十分注重通过学习外文，读原著，以贯通学理。例如，当日本学者那珂通世的名著《支那通史》由东文学社影印出版时，便由王国维代罗振玉写了一篇序言。也是在东文学社学习外文时，王国维按照日本教师藤田剑峰的授意，为樊炳清所译桑原骘藏的《东洋史要》作序。

这两部日文翻译而来的著作，实际上都是日本教师在学社讲授的历史教科书。王国维既要作序，当然必须通读原文。这就是学、用结合的学习方法。在《东洋史要序》中，王国维复述了《咏史二十首》咏过的佛教东传，汉通西域，唐开丝绸之路，元太祖成吉思汗威震亚欧，日本的倭寇及丰臣秀吉侵朝与明朝的兴衰等重大史事。他在《序》中阐述了自己的新史学观念。他指出，自近世历史成为一门科学，故事实之间不可无系统；无论何种学问，苟无系统则不可谓之科学；中国以往的历史，为无有系统之知识，不过集合社会中散见之事实，因此只可称为史料而已，不得云历史。

王国维的这些史学观点，与梁启超这时提倡的新史学，批判中国历来的史书乃帝王将相的家谱而不是系统的历史科学，大体上是相吻合的。

王国维紧接着严复翻译《天演论》之后，译介了《势力不灭论》。

王国维早年曾对西方科学界的能量守恒定律给予了关注。他翻译并由上海《教育世界》刊社列为《科学丛书》刊行的《势力不灭论》，是迄今所见王国维所译的第一部“西书”，并注明译成于 1900 年，刊行于 1903 年。

王国维译《势力不灭论》，是他自述在上海“东文学社也，二年有半；而其学英文，亦一年又半”，学以致用，边学英文边习翻译的成果之一。他在《译例》中尊为“十九世纪所发明最大最新之原理”的“势力不灭论”，旧称“力的守衡”，新的完整说法是“能量守恒与转换定律”，恩格斯的《自然辩证法》将这个定律与达尔文的“进化论”并称为19世纪40年代以后具有决定性重要意义的大发现。

王国维在《译例》中对这个定律的发现，不是贸然判为“正是亥姆霍兹”，而是在“发明”前加了个副词“亦”。亦者，非止一人也。如恩格斯所述，其中的一位科学家迈尔早在1842年就建立了能量守恒原理，而亥姆霍兹公布其《论力的守恒》这本专著则在1847年，由此可见王国维译借西学之始，便抱有相当谨慎的态度。

学习英语及日文，对王氏影响甚大。王国维主动地将东西两方的内容相近的书籍结合起来阅读，不仅加深了对研读书籍的理解、记忆，把握了精神实质，而且弄清楚了东西文化的差异、联系，把握了其学科的历史、现状及未来的发展趋势。

结识罗振玉

与罗振玉结识并建立密切关系，是影响王国维一生的重大事情。

罗振玉，字叔蕴，又字叔言，号雪堂，浙江上虞人。他比王国维早一年到上海，与人合办农学社，印行《农学报》。后又办东文学社，在事业上比王国维走前了一步。其在语言文字方面，特别是甲骨文收集研究、铜器铭文的编纂印行等方面，占有重要地位，为近代“甲骨四堂”之一。

关于罗振玉与王国维相识的情况，有多种版本。一种说法是，罗振玉在东文学社一个学员扇头上见到王国维所题的“千秋壮观君知否，黑海东头望大秦”的句子，“乃大异之”，“知为伟器，遂拔之俦类之中，为瞻其家，裨力学无内顾忧”。

另一种说法是，一天，《时务报》创办人之一的罗振玉到汪康年的报馆很早，进门以后，阒然无人。他一直走到楼上，看见一个小房间的门开着，小桌上放着一包花生米，旁边有一个人摊着一本书在自斟自酌，不觉有点奇怪。他就走进房去仔细一看，原来这位年轻人读的是《文选·两都赋》，斟的是绍兴老酒。罗氏觉得奇怪，就仔细问讯，其人也起身让座。罗振玉这才知这个人是《时务报》新来的书记员——海宁人王国维。罗氏坐下与王国维攀谈，觉得其人才华学养都不平凡。这样，罗振玉便认识了王国维，并非常器重他。

结识罗振玉，影响了王国维一生。可以不夸张地说，对王国维一生影响最大的人，就是罗振玉。

罗氏与王国维的关系在师友之间，不仅是同乡，又在学问上有共同爱好。罗振玉对他有提携之功，王国维又一直记着知遇之恩，为罗振玉做过许多事情，与一般的主人和雇员之间的关系是不同的。以后，他们又成为同僚和儿女亲家。

罗振玉赞赏王国维的才学，对其竭力提携；王国维则感念罗振玉的知遇之恩，并终生依庇于罗氏。1898 年（光绪二十四年）戊戌政变后，《时务报》停办，罗振玉委任王国维为东文学社学监。虽然不久王氏因社内事务问题与同学关系不和谐，被免去了职务，但罗振玉仍照常付月薪，从经济上资助王国维，并留王国维在东文书社当庶务。

1900 年 12 月，王国维在罗振玉的资助及藤田的帮助下，赴日本东京物理学校学习。因病于次年农历四月二十六日由东京返回上海。随后，他随罗振玉赴武昌农学校任译授，并开始在罗振玉创办的《教育世界》发表译作。

《教育世界》是罗振玉1901年4月在上海倡办的杂志。罗振玉因忙于他事，将杂志的许多事务委托王国维办理。《教育世界》既是王国维工作的地方，也是他发表一系列文章和译文的地方。可以说，王国维就是从这里崭露头角的，罗氏为他提供了一个施展才华的平台。

1903年，在罗振玉的推荐下，王国维任教于南通师范学校，开始讲授心理学、伦理学及社会学；次年，又是在罗振玉的举荐下，王国维赴苏州出任江苏师范学堂教员。他除了讲授心理学、伦理学及社会学外，并担任罗振玉主办的《教育世界》主笔和代主编，发表了大量哲学论文。

1906年，罗振玉调京，在学部做官。王国维随之入京，次年在学部总务司行走，任学部图书馆编译、名词馆协修等。辛亥革命后，罗氏携家眷去日本，王国维也举家搬到日本，后罗振玉定居天津，又给王国维弄了个"南书房行走"。罗振玉奉旨入值南斋，王国维又帮他整理皇宫内府的文物书籍。

罗振玉对王国维一生的行为、思想及学问趋向的影响是巨大的。罗振玉的以身示范，耳提面命，言传身教，对王国维思想的转变及对现实的态度产生了很大影响。后来王国维的兴趣和研究重心从哲学、文学转向甲骨文、边疆史地、敦煌学，与罗振玉掌握大量的新发现材料而他又帮助罗氏整理考证有一定的关联。

然而，也应该看到，对于这种带有依附色彩的密切关系，王国维一方面有一种报恩思想，同时也感到屈辱。这种日益加深的屈辱感，又为罗、王晚年关系的破裂埋下了伏笔。

第 2 章

辗转独学

进步神速的独学时代

王国维毕生的学术成就，几乎是从独学中获得的。1901 年，王国维因病从日本回国以后，开始进入了独学时代。他自述道：“自是以后，遂为独学之时代矣。体素羸弱，性复忧郁，人生之问题，日往复于吾前，自是始决从事于哲学，而此时为余读书之指导者，亦藤田君也。”

1907 年，已届而立之年的王国维在《三十自序》中，回顾了自己求学情况时，对十年来独学之路作了概括。

他说：“志学以来，十有余年。体素羸弱，不能锐进于学。进无师友之助，退有生事之累。故十年所造，遂如今日而已。然此十年间进步之迹，有可言焉。夫怀旧之感，恒笃于暮年；进取之方，不容于反顾。余年甫壮，而学未成。冀一篑以为山，行百里而未半。然举前十年之进步，以为后此十年二十年进步之券，非敢自喜，抑亦自策励之一道也。”

王国维还说，此五六年间，因生活之故而治他人之事，日少则二三时，多或三四时，真正能用来学习的时间，每日多不逾四时，少不过二时。但天才来自勤奋，并且持之以恒，王国维兼通世界之学术的大学问，完全是在每天二至四时的业余苦读中成就的。

所以，他也要以此序自励来告诫当世及后来的学子：“夫以余境之贫薄而体之孱弱也，又每日为学时间之寡也，持之以恒，尚能小有所就。况财力、精力之倍于余者，循序而进，其所造岂有量哉!”

王国维的“独学之时代”，就是“独上高楼”的时代。其独学之旅，首先是从研习西方哲学、心理学、伦理学、美学开始的。

为了研习西方哲学，王国维自购了社会学、心理学、哲学等方面的西方名著。因为当时缺乏汉译西学著作，他阅读的西学著作都是从国外邮购来的原著（或英译本）。日本学者藤田剑峰，成为王国维独学中的指导老师。

王国维自己曾说，他的独学方法，是一面读书，一面深造外文，遇到读不懂的地方，就拿来日译本作参考，解难释疑。在他看来，将读书与学习外文结合起来的最好办法，就是译书。他先后翻译了耶芳斯的《名学浅说》，海甫定的《心理学概论》等西方名著。

由于西方哲学方面的很多著作是德国学者用德文撰写的，故王国维在学习英文之际，还兼学了德文。学习英、德、日等国文字，使王国维掌握了更多语言文字工具，为他迈入世界学术之林进一步打开了大门。

此时的王国维兴趣广泛，从古希腊、罗马到近代的英、法、德诸国，从苏格拉底、柏拉图、亚里士多德到康德、叔本华、尼采，从英国的经验主义到法国的自然主义，从欧洲文艺复兴时期的莎士比亚、弥尔顿到近代启蒙运动的伏尔泰、卢梭等人的著作，他都有所涉猎。

王国维毕生的学术成就，几乎完全是从“独学”中获得的。善于“独学”，造就了这位融汇中西的一代学术大师；刻苦独学，磨炼了这位学术奇才笃实细密的优良学风。

数次研读康德著作

当 1898 年王国维在上海《时务报》任书记之职时，在日本田冈君文集中首次看到被引用的德国康德、叔本华哲学，便对西方近代哲学产生了浓厚兴趣。

王国维研究哲学有个人方面的原因，如体素羸弱、性复忧郁、人生之问题日往复于眼前等，同时也有工作上的原因，即在上海编辑出版《教育世界》杂志的需要。王国维一边钻研叔本华、康德哲学，一边利用杂志进行宣传介绍；一边冷静地思考人生的根本问题，一边写诗填词，抒发自己对人生真谛的切实感受。

德国古典哲学大师康德在西方近代哲学上的贡献很大，影响深远。他自己将在哲学上的发现，比作哥白尼在天文学上的发现。康德的哲学著作，是以艰涩难读闻名的。传说康德有一位学哲学的朋友，读了《纯粹理性批判》的原稿一半，就因感到艰涩而读不下去了，并且告诉康德，再读下去就要生病了。康德本人生活在狭小的社会环境中，每天遵循着钟表般准确的生活作息制度，过着一种学究式的生活，进行着沉冷的静思。

故其艰涩难读的哲学著作中包含着一代哲人的智慧。

王国维在阅读康德著作时，除了遇到语言文字上的困难外，还有对康德哲学产生的文化背景认知上的隔膜。因此，就王国维当时的知识准备而言，要一下子弄懂哲学大师康德的哲学体系，显然是困难的。也正因如此，他在读懂康德哲学之始，就不能不用自己对中国哲学的理解，去比附着思考康德哲学。

按照王国维自己的介绍，在 20 世纪初短短的五年时间里，他曾经四次研读康德著作。

1901 年春，他开始读康德的《纯粹理性批判》，尽管同时阅读了巴尔善的《哲学概论》、文特尔彭的《哲学史》。但苦于不能理解其中的深奥意蕴，他只好更辍不读，转而阅读叔本华的著作。这是王国维第一次研究康德哲学，也是其研究西洋哲学的开始。

在阅读了叔本华的《意志及表象之世界》一书后，特别是看了其中《康德哲学批判》部分之后，王国维觉得叔本华之书，思精而笔锐，是理解康德哲学的关键所在，遂对叔本华哲学产生了兴趣，并逐渐有所心得。从此时起直到 1904 年春，王国维将主要精力放在叔本华哲学的研习上，自称这是“与叔本华之书为伴侣之时代也”。在此时期他所撰写的《红楼梦评论》，就是以叔本华的哲学观点为立脚点的。

1904 年春，王国维将叔本华哲学与康德哲学对比起来阅读，撰写了《汗德（今译康德）之哲学说》，开始对康德哲学有所体悟。但经过多年的研究，他发现叔本华哲学多阐发其主观思想，因而缺乏客观的知识，遂又回到了对康德哲学的研究上。

1905年春，他第三次阅读康德之书，逐渐读懂了康德哲学，并兴奋地说："此则当日志学之初所不及料，而在今日亦得以自慰藉者也。"由此可以看到，弄通康德哲学是王国维确立自己美学理想的重要契机。到1906年第四次阅读康德著作时，除了阅读康德《纯粹理性批判》外，还兼及其伦理学及美学。

王国维对康德的称颂，可以说达到了极致。其在《汗德像赞》云：赤日中天，烛彼穷阴。丹凤在霄，百鸟皆瘖。谷可如陵，山可为薮。万岁千秋，公名不朽。

王国维因在江苏师范学堂教授伦理学及美学、社会学及为《教育世界》撰稿的关系，在研习康德、叔本华哲学过程中，撰写了许多研究心得，在研究西洋哲学方面取得了丰硕成果。

1903年，他在江苏通州师范学堂任教之时，就撰有《哲学辨惑》《叔本华像赞》《汗德像赞》等文，并译有《西方伦理学史要》。1904年，他撰写有《尼采之教育观》《叔本华之遗传说》《汗德之哲学说》《叔本华之哲学及其教育学》《叔本华遗传说后》《叔本华与尼采》等文。1905年，他发表有《论近年之学术界》《论新学语之输入》《论哲学家及美术家之天职》等文。次年，他撰有《德国哲学大家汗德传》《汗德之伦理学及宗教论》等文，开天辟地地将西方哲学引入了中国。

王国维在研究叔本华、尼采与康德哲学的同时，还将很大精力倾注于中国先秦儒学、诸子乃至清儒思想的研究。1904年，他撰有《孔子之美育主义》《国朝汉学派戴阮两家之哲学说》两文，次年撰有《周秦诸子之名学》《子思之学说》《孟子之学说》《荀子之学说》等文。1906年三十岁时，撰写了《墨子之学说》《老子之学说》《原命》《孟子之伦理思想之一斑》《列子之学说》等文。1907 年，他又著有《孔子之学说》，并发表《辜氏汤生英译〈中庸〉后》。

这些带有开创性的关于哲学、美学、文学的著名论文，为时人所瞩目，也初步奠定了王国维在中国近代学术史上的重要地位。

可信与可爱之间的烦恼

康德构建了庞大的思想体系，他的《纯粹理性批判》《实践理性批判》《判断力批判》是德国古典哲学发展的高峰。在美学方面，康德首先着眼于确立审美经验与非审美经验的区别，将审美快感视为超功利的。王国维对康德提出的许多美学观点，产生了强烈的共鸣。但是，他对康德高严的形而上学有不可解之处。

在庞大的哲学体系中，康德将世界区分为现象界和物自体。人的能力只能看到现象，这是有经验作为基础的。而物自体在人的感觉能力之外的，因而是不可知论的。在康德看来，表象界是人的经验可以把握的，但是经验总是很局限的，又是不可信的。

王国维在把握了康德、叔本华的哲学和美学的主要观点之后，认真地向中国读者介绍这些学说。他按照当时中国的需要和编辑工作的实际，去介绍、运用德国哲学和美学。他创造性地运用美学原则来研究中国的文学、哲学，创造出新的理论成果，使当时的读者耳目一新。

如果说他的《红楼梦评论》凝聚着学习叔本华哲学的心得，那么《去毒篇》《古雅之在美学上之位置》《人间嗜好之研究》则散发着康德美学的智慧。

王国维在研究康德、叔本华哲学后，还对康德、叔本华的美学思想进行了译介。1907 年，王国维在解释自己为何接受康德美学时，曾有一段著名的话："余疲于哲学有日矣，哲学上之说，大都可爱者不可信，可信者不可爱。余知真理，而余又爱其谬误。伟大的形而上学，高严之伦理学，与纯粹之美学，此吾人所酷嗜也。然求其可信者，则宁在知识论上之实证论，伦理学上之快乐论，与美学上之经验论。知其可信而不能爱，觉其可爱而不能信，此近二三年中最大之烦闷。"这段文字，是理解王国维为何接受康德美学的关键所在。

当时西方传入中国的哲学有两大潮流：一是英国的实证主义哲学，以洛克、休谟、斯宾塞等人为代表，主要是严复所介绍的一套实证论、经验论思想。二是德国的哲学，以康德、叔本华、尼采为代表，主要是王国维所介绍的先验论、唯心论思想。与当时严复介绍进化论，梁启超介绍西方各种学说相比较，王国维对德国哲学的介绍更加深入了。

王国维的介绍一方面偏爱康德、叔本华、尼采的哲学，但是，他也曾批评过这些哲学可爱而不可信，他曾说叔本华："悟叔氏之说，半出于其主观的气质，而无关于客观的知识。"另一方面，他也曾受过实证论思想的熏陶，曾学过逻辑学、数学、化学、物理学，这些学问培养了他科学的研究方法。但是，他又不满于科学、实证，而认为还需要探讨人生的道路、真理，这便是他认为"可信而不可爱"。

这样，王国维在可爱与可信之间徘徊，思想常处于矛盾之中。

虽然王国维曾说过"哲学之说，大都可爱者不可信，可信者不可爱”的话，但叔本华、尼采、康德的哲学思想，几乎已经融入他的血液，成为他立于哲学高地分析中国文化的“基石”。

王国维认为，康德、叔本华的哲学“可爱者不可信”，是“伟大的形而上学，高严之伦理学，纯粹之美学”，而严复介绍的实证论则是“可信者不可爱”的哲学。王国维作为近代学术大家，既倾向于实证论，又系统地介绍了叔本华的哲学学说。

近代两种哲学思潮的对立，也反映在王国维的哲学思想上。这种矛盾，既表现为对德国思辨哲学的酷嗜，又有尊重客观知识的实证精神。他能用实证精神对“概念世界”进行深入反思，进而从哲学高度统观历史资料，逐渐形成了独特的科学的治学方法。

王国维在分析批判传统哲学范畴和自觉运用实证方法方面，有其独特的贡献。蔡元培曾说：“王氏介绍叔本华与尼采的学说固然很能扼要，他对于哲学的观察也不是同时人所能及的。”

学术“三无”说

20世纪初，中国学术界展开一场关于中西文化价值高下优劣的激烈讨论，有人唯西方文化是从，主张欧化；有人倡言国粹，主张保存和发扬中国固有文化。王国维以其独立不羁的精神，提出了“学无新旧、无中西、无有用无用之说”的主张。

1911年2月，王国维为罗振玉创办的《国学丛刊》作《序》时，提出了“学无新旧也，无中西也，无有用无用也”的著名观点。

何以言学无新旧？王国维指出：“夫天下之事物，自科学上观之，与自史学上观之，其立论各不同。自科学上观之，则事物必尽其真，而道理必求其是。凡吾智之不能通，而吾心之所不能安者，虽圣贤言之，有所不信焉；虽圣贤行之，有所不慊焉。何则？圣贤所以别真伪也，真伪非由圣贤出也；所以明是非也，是非非由圣贤立也。自史学上观之则不独事理之真与是者，足资研究而已，即今日所视为不真之学说，不是之制度风俗，必有所以成立之由，与其所以适于一时之故。其因存于邃古，而其果及于方来，故材料之足资参考者，虽至纤细，不敢弃焉。故物理学之历史，谬说居其半焉；哲学之历史，空想居其半焉；制度风俗之历史，弁髦居其半焉；而史学家弗弃也。此二学之异也。然治科学者，必有待于史学上之材料，而治史学者，亦不可无科学上之知识。今之君子，非一切蔑古，即一切尚古。蔑古者出于科学上之见地，而不知有史学；尚古者出于史学上之见地，而不知有科学。即为调停之说者，亦未能知取舍之所以然。此所以有古今新旧之说也。”

那么，何以又言学无中西？王国维认为：“世界学问，不出科学、史学、文学。故中国之学，西国类皆有之；西国之学，我国亦类皆有之。所异者，广狭疏密耳。即从俗说，而姑存中学西学之名，则夫虑西学之盛之妨中学，与虑中学之盛之妨西学者，均不根之说也。中国今日，实无学之患，而非中学西学偏重之患。京师号学问渊薮，而通达诚笃之旧学家，屈十指以计之，不能满也；其治西学者，不过为羔雁禽犊之资，其能贯串精博，终身以之如旧学家者，更难举其一二。风会否塞，习尚荒落，非一日矣。余谓中西二学，盛则俱盛，衰则俱衰，风气既开，互相推助。且居今日之世，讲今日之学，未有西学不兴，而中学能兴者；亦未有中学不兴，而西学能兴者。”

王国维这种既不以圣贤之言为准则，也不以新学菲薄旧学，既不盲目崇洋，也不盲目排外，而唯真理是从的求实精神，不独在当时如空谷足音，即使在今天也仍不失其深刻的现实意义。

王国维不赞成把学术分为中与西、新与旧、有用与无用。他认为，学术争论的实质在于分清是非真伪，而不在于新旧，是来自西方还是属于中国。至于有用还是无用，也不应以眼前的利益为准，用功利狭隘的眼光看待，而是要高瞻远瞩，凡是真理，即使眼前不见什么用途，也必须追求，不能鼠目寸光。

对于西学，王国维并不像一些清代遗老那样给予排斥。他既不惧怕西学东渐，也不抵拒西学，而是以兴奋之情，主动地将其迎接过来，以西学新知来迎接中国学术发展的新时代。

他在《论哲学家与美术家之天职》一文中，感叹“我国无纯粹之哲学，其最完备者，唯道德哲学与政治哲学耳”。它们只是为政治服务，只是对社会发生直接的功利。殊不知此外还有灵魂的思想、心灵的精神，它们救度精神的饥荒，充塞灵魂的空虚，护持心神的安住，是“纯粹之哲学”。也正是出于这样的原因，王国维刚踏进学术领域时，就关注“纯粹哲学”，花费极大精力将其引入中国，进而变革中国哲学。

正是以这种博大的胸襟、开阔的视野以及严谨的科学态度，王国维参照西方的美学理论，兼收并蓄、纳故吐新，继承中国古典美学和文论中有价值的东西，并作出了超越性的发展，使它们在现代意义上重新焕发出理论生机。美学上的“古雅”说、“意境”论，就是他在这方面的典型成果。

学无新旧、学无中西、有用之学与无用之学之说，是王国维在中西文化的冲撞、争斗中所持的基本态度。只要对我有用，则兼收并蓄，“巧取豪夺”，这便是王国维读书、做学问的准则，也是他“取外来之观念与固有之材料互相参证”，“取异族之故书与吾国之旧籍互相补正”，“取地下之实物与纸上之遗文互相释证”的根本原因。

红学研究的新境界

1904 年，王国维撰写的《红楼梦评论》，是借鉴叔本华哲学对中国古典文学名著《红楼梦》所作的美学论文。

在此之前，晚清学界对《红楼梦》的研究，深受清代考据学影响，造成“读小说者，亦以考证之眼读之”的风气，将活生生的文学作品变成了一种死板材料。王国维不仅对旧红学之研究方法提出了有力批评，而且通过援引美学入文学的新方法，以叔本华意志论哲学为基础，努力发掘《红楼梦》的悲剧特征及其独特的美学价值。

《红楼梦评论》是 1904 年 6 月至 8 月间在《教育世界》杂志连载的。当时王国维正沉迷于叔本华哲学，并在《红楼梦》中找到了共鸣。于是，他便进行了以西方哲学理论观照中国小说的可贵尝试。王国维依据叔本华的“悲剧说”，大胆提出《红楼梦》属于那种以“通常之道德，通常之人情，通常之境遇为之”的悲剧，是悲剧中之悲剧，从而开辟了《红楼梦》研究的新境界，也开创了以西方哲学、美学、文学观念来分析研究中国古典小说的先河。

《红楼梦评论》共分五个部分：人生及美术之概观、红楼梦之精神、红楼梦之美学上之价值、红楼梦之伦理学上之价值和余论。

第一章“人生及美术之概观”。提出欲望是人的本质，解脱之道必须是超脱现实利害之物。美术能使人超脱利害。“故美术之为物，欲者不观，观者不欲。而艺术之美所以优于自然之美者，全存于使人易忘物我之关系也。”这是用叔本华理论谈艺术和人生关系。

第二章“红楼梦之精神”。认为《红楼梦》的主旨在“示此生活此苦痛之由于自造，又示其解脱之道不可不由自己求之者也”。“书中真正之解脱，仅贾宝玉、惜春、紫鹃三人耳”，其中惜春、紫鹃的解脱是“存于观他人之苦痛”，而贾宝玉的解脱则是“存于觉自己之苦痛”，是“自然的”“人类的”“美术的”“悲感的”“壮美的”“文学的”“诗歌的”“小说的”。因此，“《红楼梦》之主人公所以非惜春、紫鹃，而为贾宝玉者也”。

第三章“红楼梦之美学上之价值”。“《红楼梦》一书，与一切喜剧相反，彻头彻尾之悲剧也。”这种悲剧是属于那种“剧中之人物之位置及关系而不得不然”的悲剧，是“悲剧中之悲剧”。《红楼梦》具有“厌世解脱之精神”，而且其解脱与“他律的”《桃花扇》不同，《红楼梦》的解脱为“自律的”。《红楼梦》的价值正在于其“大背于吾国人之精神”。

第四章“红楼梦之伦理学上之价值”。《红楼梦》的美学价值也符合“伦理学上最高之理想”。认为《红楼梦》与《创世记》相同“所述人类犯罪之历史”，即原罪说。“则夫绝弃人伦如宝玉其人者，自普通之道德言之，固无所辞其不忠不孝之罪，若开天眼而观入，则彼固可谓干父之蛊者也。”

第五章“余论”。批判旧红学的索隐观念，“索此书中之主人公之为谁”与“作者自写生平”的观点皆是错误的，因为“美术之所写者，非个人之性质，而人类全体之性质也”。

文章五个部分之间层次分明，说理透彻，先确立基本理论和批评标准，然后再谈其和《红楼梦》的契合关系，并从美学、伦理学的角度给予说明，最后对研究状况进行评述，点出将来的研究方向。从表述方式上看，这是一篇十分规范的学术论文，相对于传统的点评式的片段印象式表达，无疑给人耳目一新之感。

《红楼梦评论》的价值，不仅仅在于它借叔本华的哲学对《红楼梦》作出了超绝独异的评论，其尤具开创性意义。这主要表现在两个方面：

第一，它确认与肯定了《红楼梦》的悲剧特征及其独具的美学价值。在文中，王国维批判了盲目乐天的国民精神和国人喜好“大团圆”的审美趣味，并拿《桃花扇》与《红楼梦》相比较，指出后者是一部大背于吾国人之精神的真正可称为悲剧的作品。他还以叔本华的悲剧学说为基础，进一步从理论上论证了《红楼梦》的悲剧性质，认为《红楼梦》是属于那种以“通常之道德，通常之人情，通常之境遇为之”的悲剧。每个人都可能遭遇这种悲剧，甚至每个人都可能自觉或不自觉地参与制造这种悲剧。这种悲剧往往能爆发出一种最强烈、最持久的撼人心魄的艺术力量，是“悲剧中的悲剧”。

第二，对旧红学的质疑和对新的文学批评方法的尝试与开拓。在王国维以前，对《红楼梦》的研究，由于受到清代极为盛行的考据之风的深刻影响，遂造成了“读小说者，亦以考证之眼读之”的风气，文学批评领域几乎也成了考据派纵横驰骋的天下。批评家们不是考索求证作品中所写的人究竟是指生活中何人，所写的事究竟是指现实中何事，就是拿着放大镜从书中去探寻所谓的“微言大义”。其流弊所在，就是把活生生的文学作品最后竟变成了一种死板的档案材料。王国维以开一代新风的气概，不仅对旧红学的研究方法提出有力的批评，而且通过自己的艰苦努力，以自己的文学批评实践，极大地拓展了人们的思维空间，显示了新的文学批评方法的旺盛生命力。在王国维之前，还从没有一个人以如此系统的哲学和美学理论对作品。作如此富于逻辑思辨力的分析和评论，其开创之功昭然可见。

《红楼梦评论》是中国学术史上一篇具有里程碑意义的学术论文，它代表着传统红学到现代红学的转变，同时又开启了学术论文理论化、系统化的写作法门。

尽管王国维几乎完全搬用叔本华的观点，所表达的思想倾向也是明显消极的，但他不满足中国传统文学批评那种感悟式评点或纯粹实证式的考据、注疏和索隐的批评套路，大胆从西方哲学与美学中借鉴科学研究的方法，从而另辟蹊径。

《红楼梦评论》是王国维真正将文学和哲学结合起来，系统阐发其唯意志论思想和悲观主义人生哲学的作品。王国维从分析生活的本质着手对《红楼梦》的精神进行了阐释。他认为，无论是个人还是种族都是为了延续生命，生命的本质就是欲望。他论述《红楼梦》的美学价值时盛赞《红楼梦》是悲剧中之悲剧。在他看来，小说中人物命运的悲剧是不可避免的，而《红楼梦》的精神就在于它授人以解脱之道，真正揭示了人生痛苦的真相。

王国维一厢情愿地用叔本华的哲学来解释《红楼梦》，正是当时他自己对人生悲苦、绝望之情的尽情抒发。

创造崭新的美学天地

王国维把康德和叔本华等西方的美学观点与中国传统美学思想结合起来，运用在研究中国古典小说、诗词和戏曲方面，形成了包括“游戏说”“天才说”“古雅说”“境界说”在内的美学思想。

王国维在《文学小言》中指出：“人之势力用于生存竞争而有余，于是发而为游戏。婉娈之儿，有父母以衣食之，以卵翼之，无所谓争存之事也。其势力无所发泄，于是作种种之游戏。逮争存之事亟，而游戏之道息矣。唯精神上之势力独优，而又不必以生事为急者，然后终身得保其游戏之性质。”他在《人间嗜好之研究》中，又进而指出：“文学美术亦不过成人之精神的游戏”。他在《文学小言》中也强调：“文学者，游戏的事业也。”

在他看来，所谓文学、美术的功能都无非游戏的最高表现，也无非解脱苦痛的最佳药剂，填补空虚的最好消遣。在王国维看来，修齐治平以及立德、立功、立言，都是无所谓的。从灵魂的蒙尘、灵魂的阙如，到灵魂的欢乐、徜徉和灵魂的天真烂漫，才是最最重要的。哲学与文学，乃为天才游戏之事业。

“古雅”说，是王国维在1907年发表的《古雅之在美学上之位置》一文中提出的。这篇论文是针对康德美学定义和艺术理论的某些缺陷有感而发。他以康德的天才说为根基，认同“美术者天才之制作也”，进而提出美的性质是“可爱玩而不可利用者是已”，并从美的无利害超功利方面，考察美的本质。

他指出，古雅是在天才之作与非艺术品之间的一种状态。优美和崇高存在于自然和艺术中，而古雅则存在于生活中。优美和崇高都是形式的美，古雅则是形式之形式之美。古雅并非“天才”的灵魂痛苦的解脱，而是天才的灵魂痛苦生命的流溢，是天才的灵魂痛苦生命的缓冲，是一种生活趣味、贵族趣味，一种程式美。

在他看来，天才为先天的判断，古雅是后天的经验；天才非人力可得，古雅却不是天才的创作，或者只是天才作品之外的创作。王国维强调指出，非天才者可以通过后天习得，创造出“古雅”美。

“古雅”说确认了艺术形式本身独立的审美价值，及其在艺术创作和欣赏中的重要地位，强调了后天修养并阐释了天才与修养的关系。王国维的这些思想，在理论上完善了康德天才论的不足，冲破了中国传统美学中始终占主导地位的“政教工具论”和“重质轻文”的艺术观，深入分析了美的本质、美的形态、艺术美等重要的美学理论问题，清晰地勾勒出了美学研究的基本问题。

在20世纪我国美学发展史上，王国维的《古雅之在美学上之位置》一文，堪称是一篇具有学术拓荒价值的美学论文。

提出“美育”的第一人

早在先秦时期，孔子就有“兴于诗”“成于乐”的论述，这是中国美育思想的萌芽，而明确提出“美育”概念的第一人则是王国维。

1903年到1906年，王国维先后发表了《论教育之宗旨》

《孔子之美育主义》《去毒篇》《人间嗜好之研究》等专门研究美育和教育问题的重要论文。他针对当时国人普遍的精神状态以及不少人吸食鸦片，政府又屡禁不止的现实问题，专门写了《去毒篇》，深刻论证了实施美育的迫切性。他分析中国人之所以笃嗜鸦片者，根本原因就在于他们精神上的空虚和无所寄托。

正是着眼于发展国民的新精神，他认为："故禁鸦片之根本之道，除修明政治，大兴教育，以养成国民之知识及道德外，尤不可不于国民之感情加之意焉。其道安在？则宗教与美术二者是。前者适于下流社会，后者适于上等社会；前者所以鼓国民之希望，后者所以供国民之慰藉。"宗教与美术，为中国今日所最缺乏，亦其所最需要者。在他看来，要使国民精神充实，感情健康，崇尚高尚趣味而杜绝卑劣嗜好，就非发展美术、实施美育不可。

他的《人间嗜好之研究》，则从心理学的角度，通过对人的"嗜好"所产生的原因、内容、特征的具体研究，论证了实施美育的必要性和现实意义。他认为，为了消除空虚的痛苦，人便有了种种消遣活动，一切嗜好由此而起。人们从事文学、美术等审美活动，与人们热衷于博弈、烟酒等一般性的娱乐活动，都起源于生活之欲。要抑制人的各种卑劣嗜好，就不能不引导人们去追求高尚的嗜好，实施美育，培养人的高尚趣味。

他的《论教育之宗旨》，更是从教育的宗旨出发，通过分析美育与智育、德育的关系，阐述了美育的特点及其任务。他认为，"完全之教育"必须智、德、美三育并重而不可偏废。智育是满足人的求知欲，使人获得为维持生活而必需的理论知识和实际知识。

美育则可以使人感情发达，以达完美之域。正确的美育，应该能够促进智育与德育，成为智育与德育的有效手段。

在中国美学史上，王国维第一个明确提出“美育”的概念，并对美育的特点、功能作了比较全面和正确的分析。他的这些论证和阐述，对“美育”作为一门独立学科在中国的确立，具有重要的理论奠基作用。

第3章

京华初度

情感与理性的张力

1906年，罗振玉调到京师，在学部做官。王国维随之入京。次年，王国维经罗振玉介绍，任学部总务司行走，并任学部图书编译局编译、名词馆协修等。在此前后，王国维的学术兴趣发生了重大转变：从哲学转向文学，专力研究宋词元曲。

王国维本是一位感情丰富、细腻、敏感的人，传统哲学强调人对生命及自然万物的感悟，即用心灵去体验自身及对象的本质、规律，以求对对象世界的圆融把握，在感悟的过程中，人完全凭感性去体察、把握这个神秘的世界。

王国维到上海求学后，接受了西方哲学中强调理性、强调逻辑分析的实证主义观点，并贯穿于自己的学术研究中。“理性”“情感”兼胜的禀赋，使王国维在史学、文学、考古学诸领域获得了超越前人的重大成就，但也给他带来了无穷的烦恼与痛苦。

丰富的情感与严密的理性相互交织，使王国维对自己职业的选择显得迷惑、彷徨，无所适从。他对自己的性情作过深刻的分析："余之性质，欲为哲学家则感情苦多而知力苦寡；欲为诗人则又苦感情寡而理性多。诗歌乎？哲学乎？他日以何者终吾身，所不敢知，抑在二者之间乎？"这暴露了王国维无所适从的两难心态，使他在人生道路上面临去之有所不忍、就之又有所不能的矛盾抉择，亦使他对自己的前途感到迷茫。

王国维的内心，总有一个求实与求信的紧张冲突。如果没有这样的内心冲突，他可能就不会去研究文学了。"可爱"与"可信"的追求，同源于人的本性。然"可爱"与"可信"的矛盾，却是王国维哲学研究导致的最大烦恼，也是他放弃哲学研究的主要原因。

他在《静安文集》自序中感叹道：自己疲于哲学有日矣，"哲学上之说，大都可爱者不可信，可信者不可爱。余知真理，而余又爱其谬误。伟大之形而上学、高严之伦理学与纯粹之美学，此吾人所酷嗜也。然求其可信者，则宁在知识论上之实证论、伦理学上之快乐论与美学上之经验论。知其可信而不能爱，觉其可爱而不能信，此近二三年中最大之烦闷"。

由此可见，王国维所酷嗜的是康德、叔本华哲学，可又觉其不可信，而可信的实证论哲学又让他觉得不可爱。这种烦闷实际上是"理性"与"情感"在深层次上的较量。

王国维对自己专攻过的哲学，进行了冷静的反思："今日之哲学界，自赫尔德曼以后，未有敢立一家系统者也。居今日而欲自立一新系统，自创一新哲学，非愚则狂也。近二十年之哲学家，如德之芬德、英之斯宾塞尔，但收集科学之结果或古人之说而综合之、修正之耳。此皆第二流之作者，又皆所谓可信而不可爱者也。此外所谓哲学家，则实哲学史家耳。以余之力，加之以学问，以研究哲学史或可操成功之券。然为哲学家则不能，为哲学史又不喜，此亦疲于哲学之一原因也。”

他表示，纵然在哲学史研究上可操成功之券，也绝不做第二流作者。所以，王国维只能在哲学与文学之间作出选择。这样，他决意放弃曾经那样热衷过的哲学，转而从事文学的创作和研究。

填词的意外成功

王国维学术重心的转移，与填词的成功密切相关。他所填之词的代表作，就是《人间词》。

“人间”两字，对王国维来说不是一个普通的词。王国维写词，不断地出现“人间”一词，如“人间何苦又悲秋”，如“潮落潮生，几换人间世”。人间有欢乐，也有辛酸；人间有希望，也有悲苦。友人劝他说，既然如此多的佳句论及“人间”之境，姑且就将所填词名为“人间词”吧。王国维先后将填之词汇集为《人间词》甲、乙稿，甚至自己还一度以“人间”为号。他的至交罗振玉还专门为他刻了一枚“人间”的印章，其后王国维为人题诗词，就常用这枚印章。

除从古词中吸取精华外，还善于从古代诗歌、文章中接受营养，以此来滋润自己，丰富、充实自己。诗、词、文章三者之间，只有形式的区别，而无实质性的差别。因此，王国维十分注重阅读古代的诗歌、文章。其读书，采用了西方哲学家的一些观察问题、分析问题的方法，于是读出了新的感觉、新的境界，同时，也为他由哲学研究转向文学乃至历史学的研究奠定了更为坚实的基础。

从1905年开始至1908年，王国维的人生不断遭遇重大变故，父亲、妻子、继母相继去世，对其精神造成了巨大创伤。正是带着这种忧伤，他以填词排解苦闷，探求生命本源和人生真义，创作了数十首词，并将自己的词集取名为《人间词》。1906年，他已集数年所填词61阕为《人间词甲稿》，次年又成《人间词乙稿》。

王国维对于人的生存状态有着极度的敏感。他在一首词中写道："试上高峰窥皓月，偶开天眼觑凡尘，可怜身是'眼'中人！"他那介于文学家与哲学家之间的独特个人精神气质，使他不满足于抽象的概念思考。

王国维的诗词数量不多，诗有192首，词有115首。他的词是颇有功力的。他自己也很自负，并借"樊志厚"之口，评价这些词是"真能以意境胜""皆意境两忘、物我一体"。

"樊志厚"评论王国维的词说：君词"则诚往复幽咽，动摇人心，快而沉，直而能曲，不屑于言词之末，而名句间出，殆往往度越前人。至其言近而指远，意决而辞婉，自永叔之后，殆未有工如君者也"。

王国维的词写景鲜明、逼真，言情深婉凄绝，音韵铿锵，情景交融，意境深远，富有哲理，能将哲理融化于情景之中，读时觉得耐人寻味，品格高致。细细品味，真有一种美的享受。在此，不妨举出几首，加以欣赏：

昨夜梦中多少恨，细马香车，两两行相近。对面似怜人瘦损，众中不惜搴帷问。陌上轻雷听隐辚。梦里难从，觉后那堪讯。蜡泪窗前堆一寸，人间只有相思分！

（《蝶恋花》）

百尺朱楼临大道，楼外轻雷，不间昏和晓。独倚栏干人窈窕，闲中数尽行人小。一霎车尘生树杪。陌上楼头，都向尘中老。薄晚西风吹雨到，明朝又是伤流潦。（《蝶恋花》）

天末同云黯四垂，失行孤雁逆风飞。江湖寥落尔安归？陌上金丸看落羽，闺中素手试调醯。今朝欢宴胜平时。（《浣溪沙》）

王国维填词的意外成功，坚定了他从哲学转向文学的决心。对此，他曾自述道："近年嗜好之移于文学，亦有由焉，则填词之成功是也。余之于词，虽所作尚不及百阕，然自南宋以后，除一二人外，尚未有能及余者。则平日之所自信也，虽比之五代、北宋之大词人，余愧有所不如，然此等词人，亦未始无不及余之处。"

实际上，王国维撰写《自序》时，还出人意料地写出了远比《人间词》成功、并标志着他由哲返文、由西返中之学术转向的《人间词话》。可见，在王国维撰写《静安文集》自序时，已经决计离开哲学研究领域了。

首倡词之境界说

要论王国维在诗词方面留给世人影响最大、最著名者，还不是《人间词》，而是他的《人间词话》。

王国维向来重视"探本"，故以"按"的形式，对每家词的数量进行介绍，对所辑录之词的出处均有交代，对诗和词的分界以及词的源流也有论及，另外，对某家的词还进行品评。其评诗、品词及读书时的随手札记、批注，就成了著名的《人间词话》。

《人间词话》原稿作于1906年至1908年，并在《国粹学报》上最早连载64则，后来又辑有《人间词话删稿》《人间词话附录》。1981年，滕咸惠的《王国维〈人间词话〉新注》由齐鲁书社出版，词话原稿始全部公之于世，共计126则；并收“附录”28则，合计共154则。

王国维的《人间词话》是对中国古典词章的涵咏体察，每一则都以寥寥数语评判出历代名词的妙处，其议论的精当深切一直受到后人的推许，堪称王国维文学批评的代表作。它熔中国古典文论和西方哲学、美学于一炉，而以发挥前者为主，突破清代词坛浙派、常州派的门户之见，独树一帜，建立起以意境在核心的文艺理论体系。而其中最为重要的贡献，是他发明的“境界”说。

王国维在探求历代词人创作得失的基础上，结合自己艺术鉴赏和艺术创作的切身经验，在《人间词话》中提出了“境界”说。

在中国传统文学中，一般用“意象”“意境”来品评文学。而在王国维这里，“境界”一词比“意境”“意象”的含义更丰富。“境界”不仅包含了“意境”“意象”之义，即包含了情与景、意与境；而且还包含了以人的感觉经验所感知的情境。因此王国维颇为自得地说：“然沧浪所谓兴趣，阮亭所谓神韵，犹不过道其面目，不若鄙人拈出‘境界’二字，为探其本也。”这就是说，宋朝严羽的“兴趣”、清朝王士祯的“神韵”、袁枚的“性灵”诸说，都是就风格、技巧而言的，而王国维则将“境界”提到美学的本质论高度。

婉约如李煜是他喜爱的，但是白石却是他不喜的。豪放若苏辛，自然是他喜欢的，可是放翁却又是他所不喜的。故而婉约或豪放，精雕细琢或清俊疏朗，实在都不是他取舍评判的标尺。王国维评价词之高下的标准，唯有“境界”。《人间词话》第一则开篇就说：“词以境界为最上。有境界则自成高格，自有名句。五代、北宋之词所以独绝者在此。”

全书提到“境界”有十余处之多。他阐释说：“境非独谓景物也，喜怒哀乐，亦人心中之一境界，故能写真景物真感情者，谓之有境界，否则谓之无境界。”有境界的作品，“其言情也必沁人心脾，其写景也必豁人耳目”，即形象鲜明，富有感染力量。

王国维以“境界”为批评标准，依时代顺序论评历代著名诗词，探讨诗词风格体式的流变。他认为宋以前，从《楚辞》五言诗开始，诗渐繁茂，至宋而衰落，宋词却为一代文学主流。“宋人不知诗而强作诗，故终宋之世无诗。然其欢愉愁怨之致，动于中而不能抑者，类发于诗余，故其所造独工。”正因文体有盛衰，故文学要不断创制新体。

围绕“境界”这个中心理念，《人间词话》进一步提出和论述了写境与造境、有我之境与无我之境、景语与情语、隔与不隔、对宇宙人生的“入乎其内”与“出乎其外”等内容，广泛接触到写实与理想化的关系、创作中主观与客观的关系、景与情的关系、表现上的白描与“务文字之巧”的关系、作家观察事物与表现事物的关系等问题。

关于主观的诗人与客观的诗人的区别，他认为，客观之诗人不可不多阅世，阅世愈深，则材料愈丰富，愈变化，《水浒传》《红楼梦》之作者是也；主观之诗人，不必多阅世。阅世愈浅，则性情愈真，李后主是也。本着“主真”的文学观念，他认为，客观之诗人，只有在广泛阅历现实事象后，其材料就会丰富，所写人物、事件才能栩栩如生，呼之欲出。而主观之诗人，也即通常所说的主情的诗人，因其阅历少，性情接近自然状态，因此，表情达意时就能按照自己心中所思所想，率真地表达。

他评论说："南宋词人，白石有格而无情，剑南有气而乏韵。其堪与北宋人颉颃者，唯一幼安耳。"此处所讲的格、情、气、韵是格调、性情、音韵、气象，四者能烘托出"境界"。境界包括敏锐的观察能力，深邃的感情，能反映出鲜明生动的形象。

他认为写境与造境的区分，实为自然与理想之分：所造之境必合乎自然，而所写之境又必邻于理想。诗有写实派和理想派，写实派是将客观事物真实地描写出来，理想派是着重于虚构、主观的想象，而虚构、主观的想象又以生活现实为其基础。因此，大诗人所造的境，必合乎自然，又邻于理想。合乎自然，是诗人对审美对象观照、反映的感受，将景物真实地描绘出来，有如诗中的"赋"，直书其事。而邻于理想，是诗人总是用自己的理想去取舍生活、剪裁生活，引譬连类，因物喻志，表达诗人的一种思想感情。

在他看来，大诗人造境、写境，难以区分，最高的境界是能反映物景以及人生（感情）的本质，而且，景情互相融合，达到浑然一体，这是最高的境界。他举出了马致远的佳句："枯藤老树昏鸦，小桥流水人家，古道西风瘦马。夕阳西下，断肠人在天涯。"评价其为"纯是天籁"，寥寥数语，深得唐人绝句妙境。这首散曲前三句十八个字综合了九种事物，勾画出秋天萧瑟凄凉的傍晚景象，烘托出一个远离家乡的旅行者来。

称赞马致远的词达到了“豁人耳目”“沁人心脾”的境界。

王国维认为词贵“观”。他举清初词人纳兰容若的词为例说：“以自然之眼观物，以自然之舌言情”。但观有各种观点，他认为词的创作以“中观”为上。中观是指既入乎内，又出乎外。他说：“诗人对宇宙人生，须入乎其内，又须出乎其外。入乎其内，故能写之。出乎其外，故能观之。”

这里表面上是谈作词手法，其实亦是对于人生处世态度的一种描画，即主张要像庄子那样达观与顺世：对于人生一切，采取既在意又不在意的态度。

关于诗的有我之境和无我之境的分别，他认为，有我之境，以我观物，故物皆着我之色彩；无我之境，以物观物，故不知何者为我，何者为物。有我之境的佳句为：泪眼问花花不语，乱红飞过秋千去。无我之境之佳句为：采菊东篱下，悠然见南山。

崇尚自然之美的王国维更推崇“无我之境”。然而，有我之境与无我之境一样，毕竟也是人的一种存世方式。而且，这两种存世方式之间具有剪不断、理还乱的关系。人生的困境与终极忧患，与其说是在有我之境中种种人生的苦恼与选择，不如说是人既处于有我之境之中，却要去追求与实现无我之境的困惑。

王国维分析了此种苦恼之成因，提出了著名的“三重境界说”。其经典表述是这样的：“古今之成大事业大学问者，必经过三种之境界：‘昨夜西风凋碧树，独上高楼，望尽天涯路’，此第一境也；‘衣带渐宽终不悔，为伊消得人憔悴’，此第二境也；‘众里寻他千百度，蓦然回首，那人却在，灯火阑珊处’，此第三境也。”

以中观法眼观之，这里的第一境，乃俗境也；人在俗境中却想超越此俗境去追求理想之真境，故有“望尽天涯路”之叹。第二境乃处于真境中人也；然而，人到了此处却不免有“高处不胜寒”之感，因为他太不食人间烟火了，未免过于寂寞凄凉，所以只能是“为伊消得人憔悴”了。到了第三境，人终于豁然大悟：真正的胜境并非要完全脱离俗谛，原来在俗谛中也能实现真谛，这就是“那人却在，灯火阑珊处”。人们以前之所以没有发现俗谛中也能实现真谛，是因为没有真谛照耀之光；如今一旦“灯火阑珊”，人们才会发现：原来“那人”早就在我们身边。

王国维最喜欢南唐后主李煜的词，并将其誉为“神秀”。他说：“词至李后主而眼界始大，感慨遂深，遂变伶工之词而为士大夫之词。”李煜的词：“林花谢了春红，太匆匆，无奈朝来寒雨晚来风。胭脂泪，留人醉，几时重，自是人生长恨水长东。”“独自莫凭栏，无限江山。别时容易见时难。流水落花春去也，天上人间。”“春花秋月何时了，往事知多少？……问君能有几多愁，恰似一江春水向东流。”在王国维看来，这些词都是千古绝唱。李煜表达的感情，具有一颗“赤子之心”，超越了个人身世的局限，抒发的是一种人类普遍的感情，“自由”地进入审美静观，能深窥人类和事物的内在本性，把自己强烈的、主观的感情和这种客观的“静观”交织在一起，达到了人的感情和景物融合为一，因此，最能打动读者的心灵，引起共鸣。他的词最足以说明词人确实经历了词的三种境界，达到了最高的智慧顿悟境界。王国维评价说：“后主之词，可真所谓血书者也。”李煜确有其过人的哀乐，将自己的生命和词的创作融合在一起，词具有灵慧之气。

王国维的“境界”说，是针对清代词坛宗法南宋，重视工巧堆砌的风气而作的一种补偏救弊。并且，“境界”说在对心与物的感知作用所体现的意境以及表达效果方面，扬弃了禅宗的妙悟玄虚的喻说，吸收了主观、客观、理想、写实、有我、无我、优美、宏壮等概念范畴，推动了中国词论在理论上的近代化转型。

戏曲史研究的开山之作

王国维因在填词和词学研究上取得了成功后，进而致力于中国戏曲史研究。

从1907年起，王国维任学部图书局编辑，转而从事中国戏曲史和词曲研究。他吸收西方哲学、美学理论研究中国传统戏曲，采用西方学术研究科学的严密的方法，先作分析考证，后作综合论述。他陆续写出了《曲录》《戏曲考源》《录鬼簿校注》《优语录》《唐宋大曲考》《录曲余谈》《古剧脚色考》等著，对历来认为“文格卑俗”的戏曲作了高度评价，对有关戏曲问题发表了独卓的见解。

1912年底，王国维完成的《宋元戏曲史》（又名《宋元戏曲考》），是他在戏曲研究方面的带有总结性的巨著，材料相当丰富，治学态度严谨。在这部著作里，他进一步系统地论述了戏曲的形成和发展的过程，并对现存的元杂剧作家和作品，作了重点而又精到的论断。

《宋元戏曲史》共十六章，以宋、元两朝为重点，征引历代有关资料，说明其源流演变。

第一章“上古至五代戏剧”。他认为，戏剧发于巫，男曰觋，女曰巫。“是古代之巫，实以歌舞为职，以乐神人者也。”商代人好鬼，至周，礼仪制，巫风减，但余习在，楚国巫风浓。《九歌》即祭祀曲。春秋时期俳优出现。最著名的是晋国优施，楚国优孟。

他指出，巫与优之别在于：巫以乐神，而优以乐人；巫以歌舞为主，而优以调谑为主；巫以女为之，而优以男为之。至汉武帝时角抵戏出现，倡优不仅以歌舞戏谑，还扮人表现竞技。晋时参军戏不演故事，而演时事，也以滑稽戏谑为主，唐宋以后戏中有参军的角色。古代俳优以歌舞戏谑为事，间或演故事，后来至北齐合歌舞演一事，但事至简。这是戏剧的起源。至魏齐周，西域诸国音乐进入，影响了内地戏剧发展。

第二章“宋之滑稽戏”。他指出，宋之滑稽戏又叫杂戏或杂剧，杂剧全用故事，务在滑稽，虽全以戏谑滑稽为主，但角色比较分明，布置比较复杂。演说不以歌舞，托故事以演时事，但故事性不强。

第三章“宋之小说杂戏”。他认为，《武林旧事》《都城纪胜》《梦粱录》小说，以演一朝故事，小说中有说经、小说、说史书。演史与小说结合，专讲事不演史是小说。后来戏剧仿小说结构，重事。傀儡戏出自周朝末年，宋时演故事，具体表现或演事，或演史或演戏剧。它胜于滑稽戏，以演故事为主。还有影戏也演故事。小说、傀儡、影戏都演故事，但都不以人演。

第四章“宋之乐曲”，第五章“宋官本杂剧段数”，第六章“金院本名目”，第七章“古剧之结构”，第八章“元杂剧之渊源”。他认为，元剧皆字句不拘，可以增损，此乐曲上之进步；并认为元剧由叙事体而变为代言体，充分肯定其地位。“宋人大曲，就其现存者观之，皆为叙事体。金之诸富调，虽有代言之处，而其大体只可谓之叙事。独元杂剧于科白中叙事，而曲文全为代言。虽宋金时或当已有代言体之戏曲，而就现存者言之，则断自元剧始。”

第九章“元剧之时地”，第十章“元杂剧之存亡”（录元杂剧 116 本），第十一章“元杂剧之结构”，第十二章“元剧之文章”。他认为，元曲之佳处在于“自然”：“古今之大文学，无不以自然改，而莫著于元曲。彼以意兴之所至为之，以自娱娱人。关目之拙劣，所不问也；思想之卑陋，所不讳也：人物之矛盾，所不顾也；被但摹写其胸中之感想，与时代之情状，而真挚之理，与秀杰之气，时流露于其间。故谓元曲为中国最自然之文学，无不可也。”元剧之最佳处，不在其思想结构，而在其文章。其文章之妙，在有意境而已。何以谓之有意境?这是因为其“写情则沁人心脾，写景则在入耳目，述事则如其口出是也。”

第十三章“元院本”，第十四章“南戏之渊源及时代”，第十五章“元南戏之文章”。他认为，南戏好处是自然，有意境；与北戏的悲壮沉雄相比，南戏清柔曲折。

第十六章“余论”。王国维得出了自己的研究结论：“由此书所研究者观之，知我国戏剧，汉魏以来，与百戏合；至唐而分为歌舞戏及滑稽戏二种；宋时滑稽戏尤盛，又惭藉歌舞以缘饰故事；于是向之歌舞戏，不以歌舞为主，而以故事为主，至元杂剧出而体制遂定。南戏出而变化更多，于是我国始有纯粹之戏曲；然其与百戏及滑稽戏之关系，亦非全绝。”

从上述介绍的全书内容可知，《宋元戏曲史》是王国维多年进行戏曲研究的一个总结。这部名著的主要贡献有三：

一是为人们向来不关注的宋元戏曲作史，提高了戏曲文学地位，准确地估价了杂剧在元代文学史上的地位；高度评价了中国古典戏曲的认识价值和艺术价值。

二是发展了“境界”说，把“境界”说引入戏曲领域，以境界、意境和自然标准大力推崇元杂剧。

三是第一次为人们勾画出中国戏曲发展的比较完整的轮廓。从此，一贯被文人学士视为“托体近卑”而不屑一顾的戏曲，被纳入了文学艺术的范畴和历史科学的范畴。

王国维研究中国古典戏曲史，达到了前人未有的高度。郭沫若后来指出：“王国维的《宋元戏曲史》（《宋元戏曲考》）和鲁迅的《中国小说史略》，毫无疑问，是中国文艺史研究上的双璧。不仅是拓荒的工作，前无古人，而且是权威的成就，一直领导着百万的后学。”王国维把他深厚的学术根底及中国文学的修养，与西方先进的戏剧文学理论、科学缜密的研究方法相结合，第一次揭开了中国戏曲艺术的起源和形成问题，勾勒出宋元戏曲发展史的轮廓，为戏曲史研究积累了系统的资料，把戏曲艺术提高到历史科学的范畴，在文学史上为元杂剧和南戏争得了应有的地位。

王国维的中国戏剧史研究成就巨大，开辟了一条治学的新路。这对中国的学术界产生了巨大的影响，启迪了后一辈的有志者继承王国维的戏曲史研究事业。

在国际学术界，《宋元戏曲史》也产生了巨大影响，启迪了一代世界中国戏曲史研究者。该著对日本的中国戏曲史研究界影响最为巨大。如日本的中国戏曲史研究奠基者狩野直喜，1910 年就开始与王国维交流戏曲史研究，并把王国维的《戏曲考原》介绍给日本学者；日本另一位中国戏曲史研究奠基者铃木虎雄专门发表文章，介绍王国维的戏曲史研究；王国维到日本后，铃木时时向王国维请教，得“启蒙之利，不逞枚举”。

日本最有成就的中国戏曲史研究者是青木正儿。1925 年，青木专门到清华园拜访了王国维，表示欲治中国戏曲，特别是欲继《宋元戏曲史》治元以后戏曲史。王国维告之曰：“元以后戏曲无趣。元曲是活文学，明曲是死文学”。继青木之后，日本学者吉川辛次郎、波多野太郎等人的中国戏曲史研究，仍然受到王国维的影响。王国维的中国戏曲史研究，不只是影响了日本的一代学者，而是几代学者。

第 4 章

避居日本

转向古史研究

1911 年，是王国维学术发展的重要分界线。武昌起义爆发后，全国响应，清王朝灭亡之日来到了。身为清朝官员的罗振玉、王国维到了一个新的历史选择关头。正在这时，日本西本愿寺大主持大谷光瑞邀请罗振玉移居日本，京都大学教授内藤虎次郎、狩野直喜等也写信请罗氏早日赴日。

日本方面之所以盛情邀请罗氏东渡，主要是看重了罗氏拥有的大批珍贵的中国文物。罗振玉立即答应东渡。王国维自入学东文学社开始，得到罗氏的提携、关照并成为罗氏的得力助手。既然罗氏决定赴日，王国维也相应作出了随罗氏东渡的选择。

1911 年底，王国维携全家随罗振玉东渡日本，旅居京都，滞日达五年之久。从此，他的学问发生了重大转折，开始将主要精力置于经史小学与历史地理研究，尤在用甲骨文考证古史方面作出里程碑式的贡献。

王国维学术方向的转变，与罗振玉的影响很有关系。据罗振玉介绍，他在京都时告诫王国维说：“方今世论益歧，三千年之教泽不绝如线，非矫枉不能反经。士生今日，万事无可为，欲拯此横流，舍反经信古末由也。公年方壮，予亦未至衰暮，守先待后，期与子共勉之。”王国维听后，认为自己从前“所学未醇”，便以反经信古、守先待后自任，有志于以国学矫西学之枉，便将自己手头刊印的一百多册《静安文集》悉摧烧毁，并正式拜罗氏为师，专治经史。

对于王国维学术重心的转移，日本学者狩野直喜在回忆王国维的文章中写道：从来京都开始，王君在学问上的倾向，似有所改变。这是说，王君似乎想更新中国经学的研究，有志于创立新见解。例如在谈话中，我提到西洋哲学，王君总是苦笑着说，他不懂西洋哲学，其后从元代杂剧的研究扩大，成《宋元戏曲史》，此书对王君可说是业余的著述。正如其常谓，杂剧的研究以《宋元戏曲史》为终结，以后不再研究了。当时王君学问研究的领域，已转了一个方向，当时王君似在精读《十三经注疏》，前四史也正精读之列。寓居京都闲暇日多，自然耽于精读，为读书而翻破书，是件有意义的事。除非有很多闲暇，不然那是不可能的。我想或许是上帝厚爱王君，给予他此一大好机会。狩野直喜已经观察到：王国维的研究开始转入了经学研究方面。

王国维之所以在学术上发生转变，一方面有源于内在的动力，另一方面显然与罗振玉的劝说有关。狩野直喜曾提到这一点说：“王君寓居京都期间，日夜与罗叔言君生活与共。正如众所周知，罗君是小学金石方面冠绝一时的学者，而且也收藏甚多古物。王君与罗君在学问上朝夕相切磋。”如果再对照罗振玉后来撰写的回忆文章，那么，狩野直喜上述记载是准确可信的。

罗振玉后来在阐述王国维学术重心转变时，对此作了比较详细的说明：“初公治古文辞，自以所学根柢未深，读江子屏《国朝汉学师承记》，欲于此求修学途径。予谓江氏说多偏驳，国朝学术实导源于顾亭林处士，厥后作者辈出，而造诣最精者为戴氏震、程氏易畴、钱氏大昕、汪氏中、段氏玉裁，及高邮二王，因以诸家书赠之。公虽加流览，然方治东西洋学术，未遑专力于此。课余复从藤田博士治欧文，并研究西洋哲学、文学、美术，尤喜韩图（即康德）、叔本华、尼采诸家之说，发挥其旨趣，为《静安文集》，在吴刻所为诗词，在都门攻治戏曲，著书甚多，并为艺林所推重。至是，予乃劝公专研国学，而先于小学训诂植其基。并与论学术得失，谓‘尼山之学在信古，今人则信今而疑古，国朝学者疑古文《尚书》，疑《尚书孔注》，疑《家语》，所疑固未尝不当，及大名崔氏著《考信录》，则多疑所不疑矣。至于晚近，变本加厉，至谓诸经皆出伪造。至欧西哲学，其立论多似周秦诸子，若尼采诸家学说，贱仁义、薄谦逊、非节制，欲创新文化以代旧文化，则流弊滋多，方今世论益歧，三千年之教泽不绝如线，非矫枉不能反经。士生今日，万事无可为，欲拯此横流，舍以经信古莫由也。公方年壮，予亦未至衰暮，守先待后，期与子共勉之’……公既居东海，乃尽弃所学而寝馈于往予所赠诸家之书，予复尽出大云书库藏书五十万卷，古器物铭识拓本数千通，古彝器及他古器物千余品，恣公搜讨，复与海内外学者移书论学：国内则沈乙庵（曾植）尚书，柯蓼园（劭忞）学士，欧洲则沙畹及伯希和博士，海东则内藤湖南、狩野直喜、藤田剑峰诸博士，及东西两京大学诸教授。每著一书，必就予商体例、衡得失。如是者数年，所造乃益深且醇。”

尽管罗振玉的描述有夸大自己影响力的嫌疑，但王国维很显然是听从了罗氏的劝告，开始了学术路向的转变。

王国维的学术方向转到史学，客观上与罗振玉收藏的大批文物需要整理也有关系。罗振玉东渡后，将平时收罗的甲骨、青铜器、其他各种古器物、敦煌文物、字画、碑帖、古籍五十万卷悉数带往日本。他初到日本时，书籍文物寄存于京都大学。以后不久，罗振玉自己建了一栋乡村别墅，内设藏书房，名为大云书库。

王国维与罗振玉一家相邻居，平时互相切磋，往返论学，协助罗氏整理大云书库藏书，得以尽窥其所藏彝器及其他石器物拓本，并与日本学者广泛交流，学力乃骎骎日进。大云书库的环境，为王国维走上罗振玉指定的史学研究道路提供了必要条件。

王国维在《国朝金文著录表序》中承认说：“东渡后，时从参事（指罗氏）问古文字之学，因得尽阅所藏拓本”。他治甲骨文字，始于此时。由于专力于研究新发现的史料，并能以古文字学为基础，其研究古史，从古器物到古代书册、服装、建筑，所涉甚广，著述亦甚丰。旅日五年期间，他的生活比较安定，学术上也更有成就。王国维后来自述在此期间，“生活最为简单，而学问则变化滋甚。成书之多，为一生冠。”

王国维在帮助罗振玉整理甲骨文字的过程中，迅速意识到这种新出土文字与传统经史小学相结合，将在学术史上产生革命性突变，做出“不朽之盛业”。因此，他迅疾作出反应，以传统小学为基础，读懂了大量甲骨文字，在丰富文字学的同时，读懂了经史中许多难解之处；将甲骨学与传统经史小学相结合，进而解决了许多上古史中悬而未决的问题，提高了人们思考研究古史乃至一切历史的水准，为建设可信的上古史指明了道路。

名重学界的考证力作

辛亥革命东渡日本以后，王国维将主要精力放在古史研究方面，并撰写出了一系列名重学界的古史新著，确立了其在民初学术界的突出地位。

1912 年春，王国维草成了考证中国书册制度演化的《简牍检署考》。书册，在纸发明之前，所谓有典有册，就是竹简木牍；纸发明之后，则有了书籍、文献的编印、流传、保存。在王氏此考之前，历代考证书册制度者，有汪继培、徐养源之《周代书册制度考》，金鹗之《汉唐以来书籍制度考》，清代以来考证书册制度者，也有叶德辉《书林清话》中关于书册之篇章等。但前人的这些著述，皆未能尽明其源流，且有疏漏或外说，直至“近世王静安先生作《简牍检署考》，而后简册之制大明”。故王国维此文刚刚脱稿，即被日本学者铃木虎雄译为日文，连同他所写的补正，同时译载在日本《艺文》杂志上。

《简牍检署考》完整地说明了中国在纸发明前的文字书写方式，是王国维东渡以后的第一篇考证之作，标志着他开始进入了国学研究的新领域。

1913 年春，罗振玉在净土寺町所建新居落成，罗氏全家迁入。王国维的住处离此不远，几乎每天都与罗振玉一同或整理图书或读书。在罗振玉的诱导之下，王国维重新点读中国经书。

这年夏，王国维撰写完成了《明堂庙寝通考》。这是他圈读“三礼”及段注《说文》之际的著作，也是他尽阅罗氏所藏拓本，攻究钟鼎彝器、龟甲骨文字的最初研究成果，更是他据金文、甲骨文字参证经籍以考殷周礼制的开局之篇。

王国维的这部《明堂庙寝通考》，草成之初刊于罗氏《雪堂丛刊》，分为《通论一》《通论二》《通论三》《通论四·大小寝》，后改定编入《观堂集林》，乃删去小标题。王国维取彝器铭识、龟卜文字，广泛参比汉魏以来诸家之说，其中有汉代郑玄之《考工记》，宋代聂崇义之《三礼图注》，清代汪中之《明堂通释》、程易畴之《释宫小史》等专著，以及《隋书》牛弘、宇文皑传中所载后魏李冲所造宫室图等，皆证其所是，辨其所非，释其所疑，并依据最新的“地下之学问”有了自己的新发现，初步解决了历史上长期争论不休的“明堂”问题。

如果将王国维的《简牍检署考》比为中国书册制度史的话，那么，这篇《明堂庙寝通考》则不啻是一部中国古代宫殿建筑史。

继《明堂庙寝通考》之后，王国维又于1913年秋撰成《释币》二卷。上卷由衣服制度考证币帛之长短、广狭，下卷为附录，考证历代布帛之丈尺价值。这是王国维撰写的古代服装及历代布帛市价的重要著作。

与此同时，王国维通过整理罗氏所藏古代封泥拓本，据《汉书》之《表》《志》排比编次，得封泥四百余种，撰成《齐鲁封泥集成》。在整理编排齐鲁封泥的基础上，他撰成了考证秦汉地理的专著《秦郡考》《汉郡考》，弄清了汉代地理学上的许多重要问题。

1915年，王国维撰写的《生霸死霸考》一文，主要是通过考释西周金文，来研究先秦古书中记载的月相。汉代《三统历》有“死霸，朔也；生霸，望也”的记载，但至于什么是生霸、死霸，清代以来的学者莫衷一是。王国维依据《说文》等典籍和青铜器铭文，他以透彻的思维，揭示了古书上记载的先秦“生霸死霸”的真相。他指出，所谓生霸、死霸，是古代把一月分为四份的做法。故他在《生霸死霸考》中提出了“一月四分”说，以确凿的证据，断定初吉、既生霸、既望、既死霸，为“一月四分”的四项要旨。

日本学者新城新藏认为，仅此一文，就足使王国维名垂不朽。他说：因为根据这一解释，武成的日月能很通畅地解读出来，这不能不说是解决了刘歆以来两千年的悬案。进一步考虑，这一月的四分法被认为是西洋关于“周”的原始形式，所以王国维的研究，对纪元前千年的周初或更早以前东西方是否有文化交流提供了极重要的材料。

此外，他还撰写了《说斝》《说觥》《说盉》《说彝》等考证性论文，对中国古代的兵符、货币、服装、陶器、兵器、宗教等问题进行详细考证，取得了令人瞩目的成绩。

王国维以古史研究的卓越成就步入世界学者的行列。通过这些成果，王国维在中国学术界的声誉更是如日中天，备受瞩目，其学术影响日渐深远。当时淹贯经史的国学大师沈曾植读了王国维这些新撰的著述后，赞不绝口，对其成绩给予高度评价。他当着过沪来访的罗振玉，手指案头放置的《简牍检署考》说：即此小册，亦岂今世学者所能为！他又评论了王国维的《释币》及考秦汉地理诸作，认为这些论文“并可信今传后，毫无遗憾”。

也正是通过这些考证性成果，西方汉学界认识了王国维。当时西方汉学界数起中国学者，首推王国维。他们发现，这位中国学者不仅成就骄人，而且学术理念与西方学者颇为相合。王国维所具有的近代新史学观念，令这些外国同行惺惺相惜。这是近代中国学者真正受到外国同行礼遇的开端。

合作攻关的《流沙坠简》

王国维旅居日本，首先从简牍、金文、甲骨文着手考证古史。而王国维对简牍及殷墟甲骨文字的研究，最初是与罗振玉合作进行的。

1908 年，英籍匈牙利学者斯坦因在中国敦煌西北古长城废墟中，发现千枚汉代木简。他以前在尼雅及楼兰古国遗址上，也曾发现过魏晋木简，并发现了在这两地出土的古代纸文书等，共约两千多件。斯坦因将在中国出土的这些古代宝物携返伦敦途经北京时，罗振玉颇恨未能会见其人、亲睹其物。斯坦因是西方近代有历史性贡献的汉学家，但他将中国大量文物掠夺而去，又极大地伤害了中国人民的感情。

斯坦因将这些汉简运到欧洲以后，请法国法兰西学院教授沙畹进行考释。经过一段时间的研究工作，沙畹选取其中较完整的 991 件简牍，撰成考释文字，在法国付印成书。

正在日本京都的罗振玉听说后，写信请沙畹将付印的简牍考释文字及拓片寄来。沙畹教授很快便将此书初校本邮寄给罗振玉。这位法国汉学家对汉文字学和史学的知识有限，考释不准确、排比不科学之处很多。罗振玉和王国维看后，非常不满意。他们认为，这批发自中国西北边疆的简牍，是与殷墟甲骨一样重要的中国瑰宝，流散国外已够痛心的了，整理、考释之责，自当在中国学者。于是，罗、王两人商定，发愤将沙畹寄来的未印成之拓本重加整理和考释。

罗振玉与王国维二人作了明确的学术分工，并于1914年2月撰出草稿，初名为《屯戍丛残考释》，后由王国维统一手写石印，书名定为《流沙坠简》三卷。

全书按简牍的内容之不同，分为三大类。第一大类是小学、术数、方技书；第二大类为屯戍丛残，为主要部分，下分簿书、烽姥、戍役、康给、器物、杂事等；第三大类是对出土简牍中文字不清、残折厉害的简牍进行考释。第一、三类由罗振玉考释并署名；第二卷由王国维考释并署名。

《流沙坠简》是罗振玉与王国维在日本京都合作研究的重要成果。罗、王两人认为，沙畹书中收的991件简牍中，有588片应当重新考释和分类。王国维负责的部分，直接关系到两汉屯垦戍守驻兵的文件，反映了西域屯戍士卒的簿籍、汉代西域的军事组织及屯戍情况，有些甚至是中国史书上失载的，具有异常重要的史料价值。经过王国维的周密研究和考释，汉晋简牍“纪史籍不纪之事”，诸如汉敦煌郡中部、玉门二都尉、四侯官之治所，及宜禾都尉所辖之烽健等，皆得以勘定。

在《流沙坠简》中，王国维还详考汉长城及玉门关之位置，及海头之地望及其得名之由来。他初步考定了汉代玉门关的位置，弄清了汉代烽火的类别及汉代边境的官制。他不仅认真对这些简牍进行考释，而且进而依据这些简牍考证两汉魏晋之历史。为此，王国维先后撰写了《流沙坠简序》《流沙坠简考释并序》及《斯坦因访古图表》等论文，对两汉魏晋的相关历史予以详细阐发。王国维所撰写的前后两个《序》，被学术界誉为中国古代西北边疆地理的大论文。

《流沙坠简》是中国第一部以地下出土文物为实证的汉代制度和西北地理的研究专著，是中国简牍史上的一个学术高峰。1914 年 7 月，王国维致函缪荃孙，兴奋地谈到此书：岁首与蕴公（罗振玉）同考释《流沙坠简》，并自行写定，殆尽三四月之力为之。此事关系汉代史事极大，并观存之汉碑数十通亦不足以比之。东人不知，乃惜其中少古书，岂知纪史籍所不纪之事，更比古书为可贵乎！考释草草具稿，自谓于地理上裨益最多，其余关乎制度名物者亦颇有创获。

八个年头之后的 1922 年，鲁迅在《热风》一书有篇《不懂的音译》中，对《流沙坠简》及王国维的学术贡献给予高度评价："中国有一部《流沙坠简》印了将有十年了。要谈国学，那才可以算一种研究国学的书。开首有一篇长序，是王国维先生做的，要谈国学，他才可以算一个研究国学的人物。"

鲁迅将王国维当作当时中国国学研究的代表人物。他说：当假的国学家正打牌喝酒，真的国学家正在稳坐高斋读古书的时候，莎士比亚的同乡斯坦因博士却已经在甘肃新疆这些地方的沙砾里，将汉晋简牍掘去了；不但掘去，而且做出书来了。所以真要研究国学，便不能不翻回来；因为真要研究。

金文研究的新突破

王国维从事金文的研究，要早于殷墟甲骨文的考释。

金文是秦汉以前铸刻在青铜器皿上的文字。自春秋战国以来，上自天子诸侯，下至名门望族，都喜欢铸造青铜器皿，有些作为祭祀之用，有些作为生活之用。这些青铜器皿上铸刻的文字，称为金文。

金文内容丰富，举凡国家大事、家族祈许、赐赠誓言等，都有表达，关系到许多历史事件，以及当时的社会制度。因此，金文是研究先秦历史的重要资料，很早就引起了古代学者的重视。北宋以后，许多学者如欧阳修、赵明诚等对金文很重视，考释方面也很有成绩。

清代中叶以后，考据之风逐渐形成，金文学的研究也重新走向高峰。乾隆初年，乾隆帝命儒臣将内府藏器录为《西清古鉴》，推动学者对金文的研究。在皇帝的鼓励下，当时的学者们闻风而动，购求古器，搜集拓本，成为一大热点。阮元、端方、孙诒让等人的考释著作，相继问世。清代著录之器是宋人著录的四倍，文字考释之精之多，远远超过宋人。

罗振玉后来居上，搜集古代彝器及其拓本两千余种，成为集清代诸家之大成者。他汰除重复者之后，将搜集到的彝器及拓本加以考释，推动了清末民初金文的研究。然而，由于当时没有对青铜器皿上的金文作统一的研究，学者们的各种考释歧出，不利于金文研究的发展。正是有鉴于此，王国维在前人考释的基础上，进行了系统的整理和研究。

王国维研究金文学，是从帮助罗振玉整理彝器及拓本开始的。他对罗振玉收藏的彝器和拓本进行了全面彻底的清理，既研究彝器，也研究彝器上的文字，对两者都下了极深的功夫，付出了艰苦巨大的劳动。当时已经出土的彝器或其拓本，器亡而有拓本传世，王国维基本上都看到了并有所研究。

从 1914 年开始，王国维首先进行了资料的分类整理、研究工作，他先后写下的《宋代金文著录表序》《宋代金文著录表》

《国朝金文著录表序》和《国朝金文著录表》等著，不仅是金文研究的必备的索引工具书，还为随后的金文研究开辟了新路径。

王国维在录载清代金文著录的基础上，写了大量的序跋，对所见到的彝器和金文拓本加以考释。如他撰写的《毛公鼎考释序》《毛公鼎跋》《商三句兵跋》《散氏盘跋》等文，都是近代金文研究的名片，后均收入《观堂古今文考释》流传于世。

如果说从《国朝金文著录表》可以看出王国维对金古文检校范围之广的话，那么，从《毛公鼎考释序》等具体考释论文中，就可以看到王国维抓住典型古器物之后，进行审读之精了。

毛公鼎铭文记叙了周宣王诰诫和褒赏其臣下的事。古器物上的文字以此鼎为最多。古器物上的字时有不能认识者，王国维在《毛公鼎考释序》一文中经过考证，详细说明了其中的原因。他精辟地指出：古代文字假借至多，自周至汉音亦屡变。假借之字，不能一一求其本字，故古器文义有不可强通者，亦势也。自来释古器者，欲求无一字之不识，无一义之不通，而穿凿附会之说以生。穿凿附会者，非也。谓其字之不可识、义之不可通，而遂置之者，亦非也。文无古今，未有不文从字顺者。今日通行文字，人人能读之，能解之。《诗》、《书》、彝器亦古之通行文字，今日所以难读者，由今人之知古代不如知现代之深故也。苟考之史事与制度文物，以知其时代之情状，本之《诗》《书》以求其文之义例，考之古音以通其义之假借，参之彝器以验其文字之变化，由此而之彼，即甲以推乙，则于字之不可释、义之不可通者，必间有获焉。然后阙其不可知者，以俟后之君子，则庶乎其近之矣。

正是按照这样的方法，王国维将诸家所未确之金文字逐一考出，取得了金文考释方面的重大突破。王国维对金文的研究，并不满足于仅仅考释文字，而且逐渐从文字考释上升到古史考证。这正是王国维高明于前人之处。

1915年撰写的《鬼方昆夷玁狁考》，是王国维利用金文考释先秦古史的最突出成果。

《鬼方昆夷玁狁考》，初名《古代外族考》，主要是考证《史记》中“鬼方”究竟是地名还是族名。王国维广泛参考各种青铜器铭，以及先秦两汉的文献，又从古地理和古音韵的情况考析，论定鬼方、昆夷、玁狁，及后来的匈奴、胡，都是同一个民族名称的不同译音。殷代的鬼方，就是汉代匈奴的族祖。他说：中国古时有一个强悍的外族，这个民族西自开陇，而北东及太行常山之间，中间或分或合，时常入侵中原。其俗尚武力，而文化程度不及中原诸夏远甚，又本无文字，或虽有而不与中国同。是以中原文献对其记载及称谓，随世异名，因地殊号。其见于商周之间者，曰鬼方、曰昆夷；其在宗周之季，则曰玁狁；入春秋后，则始谓之戎，继号曰狄；战国以降，又称之曰胡，曰匈奴。这些名称，其实为一；但从名称上看，大多有歧视意味。

他的考证细密而有逻辑，证据确凿而分析入理。故其所得出的结论，为学界所认可。王国维成为第一位探明匈奴族源的近代中国学者。他的这篇《鬼方昆夷玁狁考》，立即得到了当时史学界的广泛好评，并启发了人们以地下出土的青铜器与传世文献互证，从多学科角度去研究北方古代少数民族的历史。他的结论虽不敢说是史学界的定论，却极大地促进了学界同仁的对该问题的思考和深入研究。

随后，王国维广征博引古文献及钟鼎彝器铭文，相继撰写了《西胡考》《西胡继考》，对古代北方游牧部族史，及匈奴族源、职官、文化制度及其与汉族的关系等，均作了深入研究，为中国古代少数民族史研究作出了重大贡献。

王国维晚年并没有停止对青铜器皿的考释，并以精湛的金文知识指导学生。金文学家容庚回忆，自己开始研究金文时，曾得到了王国维的精心指导："余之得读先生文，始于《雪堂丛刻》。时力不能购，乃假之于同学卢瑞，并录其《宋代金文著录表》《国朝金文著录表》两种，按图索骥，不啻得一良师也。民国十二年夏，北大研究所国学门欢迎会上始识先生，嗣后屡访之于织染局十号，录其所为金文题跋。《金文编》成，承订正二三十条。"王国维指导过的许多学生，以后都以古文字学家名世。

步入甲骨研究的殿堂

甲骨文在1899年前后开始发现，当时在河南安阳殷墟发现的这些文字，多刻在龟甲上、牛骨上，也有刻在人的头盖骨上，大部分用刀刻的，但也有用毛笔写的。人们当时将其称"龟甲文""契文""贞卜文""殷虚卜辞""殷虚书契"等。

最早认识到这些龟甲学术价值并进行研究者，是当时的国子监祭酒、金石学家王懿荣。他意识到，这些甲骨上刻的是中国的古文字，很有考释的价值，因而立即着手大批收购甲骨。但不幸的是，1900年八国联军攻入北京后，王氏自杀身亡，其刚刚开始的甲骨研究中断。此后，王氏家道中落，千余片甲骨都被刘鹗购入。刘鹗随后悉心加以收购，共得五千余片甲骨。罗振玉当时是刘鹗家的家庭教师，后罗、刘结为亲家，罗氏得以从刘鹗家中看到这批甲骨。

罗振玉见到这些宝物后，立即劝说刘鹗将其刊印，以供学者研究。1903 年，刘鹗选拓 1058 片，以《铁云藏龟》为名刊印。《铁云藏龟》是中国第一部著录甲骨文的专著。不久，刘鹗充军新疆，死于异地，致使他搜集了材料却不可能予以深入研究。

罗振玉首先从刘鹗处得到了这批宝物，然后又四处搜集甲骨。从 1906 年至 1911 年，他搜集所得甲骨达到两万多片，并开始系统地对这些甲骨文字进行研究。经过多年的研究，罗振玉先后撰有《殷虚书契前编》《殷虚书契菁华》《铁云藏龟之余》《殷虚书契后编》等著，并于 1927 年将《殷虚书契考释》作了增订，在甲骨文研究方面取得了突出的成绩。罗振玉研究成果的问世，正式使甲骨文的考释和研究成为一门专学。

王国维没有经济力量搜藏甲骨，本来也没有条件来接触并研究甲骨文。但是，他随罗振玉东渡日本后，开始得见罗氏收藏的两万多片甲骨，并由此走上了甲骨研究的殿堂。他在协助罗氏整理甲骨的过程中，开始研究甲骨文字，并利用甲骨文字考释殷商历史。王国维不仅参与了罗氏撰写这些著作编辑、考释、论析的全过程，而且自己也取得了不朽的成绩。至今中国学术界仍把甲骨文研究，称为罗王之学，是对两人学术贡献的公允评价。

1915 年，罗振玉写成的《殷虚书契考释》印行。该书共考出甲骨文 485 字，另编收 1003 字，并考索了殷周的帝、京邑、祀礼、卜法、官制、文字等，从而奠定了甲骨文分类系统研究的基础。王国维为罗振玉的《殷虚书契考释》撰写了两篇序言，高度肯定罗振玉的开拓性功绩，盛赞“我朝三百年之小学，开之者顾先生，而成之先生也”，并特别强调甲骨文字的研究，是文字学的巨大成就。

王国维在这两篇序文中，给甲骨文下了较完整的定义：殷虚书契者，殷室命龟之辞，而太卜之所典守也。其辞或契于龟，或刻诸，大自祭祀征伐，次则行幸败渔，下至牢固之数，风雨之占，不珍于鬼神，比其命书。殷代社会的各个方面情况，由专门官刻在龟甲、骨片上。故甲骨文实际上是殷代社会历史的真实体现。

王国维前后两篇序，是中国近代正式论述甲骨文字的重要学术论文，指明了此后研究甲骨文字的途径。国学大学沈曾植评论王国维的治学精神说："君为学，乃善自命题，何不多命数题，如我辈遣日之资乎！"

王国维对甲骨学的独创性贡献，不仅仅在于像罗振玉那样考释出甲骨上的文字，而是进而利用这些已经考释出的甲骨文字来探讨商周历史和先秦典章制度。其中最重要的文章，有《殷虚卜辞所见地名考》《三代地理小说》《殷卜辞中所见先公先王考》及《续考》《殷周制度论》等。从这些成果发表的年代看，甲骨文的研究贯穿着王国维整个古史研究的过程。

一场学术公案

罗振玉收藏甲骨达两万多片，还有与人交换的拓片，藏量十分丰富。在此基础上，他撰写了研究甲骨文研究的成果——《殷虚书契考释》，并于 1915 年出版。王国维对该书的学术成就极为称赞，认为这部著作是清代小学成就的一个高峰，在甲骨学史上有重大意义。但围绕着《殷虚书契考释》一书的作者，曾成为一桩学术公案。

罗振玉在日本京都撰写此书时，经常与王国维商量，采纳了王国维的一些意见。最后，全书还由王国维书写定稿，然后交付刊印。所以，《殷虚书契考释》初印本是王国维手写的石印本，作者署名为罗振玉。该书的作者本来并无争议，应该是罗振玉的著作。但后来由于罗振玉拥戴溥仪逃到东北成立伪满洲国，并出任满洲国高官，污名远播，为学界所不齿，所以王国维在清华研究院教书时的学生便向罗振玉发难，认为《殷虚书契考释》一书为王国维所作，只是署了罗振玉之名。他们断定，《殷虚书契考释》是罗振玉窃取了王国维的研究成果。

周传儒所著《甲骨文字与殷商制度》第五章说：《殷虚书契考释》，则王氏所手书也。署名虽为罗振玉，实则王氏亦与有力焉。何士骥在 1941 年发表的《近四十年来国人治学之新途径》中也说：甲骨搜藏之富，与各种古史材料著录传播之广，当以罗叔言氏为第一。罗氏之甲骨之学，著有重要之书十数种，又与王静安先生著《殷虚书契考释》，最称巨作。可见两人均认为《殷虚书契考释》是罗、王同作。

周、何两人是清华国学研究院的学生，曾亲自受业于王国维之门，对于王国维的学问极端敬仰，加上看到了《殷虚书契考释》一书的重大价值，故不愿罗氏独擅其名，便臆断这部书是其师王国维撰写的。这样，《殷虚书契考释》为王国维所作，罗振玉仅仅是“猎他人之美”的说法，便在中国现代学术界流行。郭沫若也曾在《历史人物》指出：“王对于罗，似乎始终是感恩怀德的。他为了要报答他，竟不惜把自己的精心研究都奉献了给罗，而后罗坐享虚名。例如《殷虚书契考释》一书，实际是王的著作，而署的却是罗振玉的名字，这本是学界周知的秘密。单只这一事，也足证罗之卑劣无耻，而王是怎样的克己无私，报人以德的了。”

这样，《殷虚书契考释》的作者是王国维，便似乎成为学术界的定论。实际上，《殷虚书契考释》真正作者确实是罗振玉，而不是王国维。该书中有两篇王国维撰写的序文，表示王国维在当时也是承认罗振玉是该书的作者。1918 年 7 月，王国维为罗振玉的《雪堂校刊群书叙录》撰序时，赞赏罗氏道：

“先生独以学术为性命，以此古器、古籍为性命所寄之躯体。思所以寿其躯体者，与常人之视养其口腹无以异。辛亥以后，流寓海外，鬻长物以自给，而殷虚甲骨与敦煌古简佚书先后印行，国家与群力之所不能为者，竟以一流人之力成之。他所印书籍，亦略称是。旅食八年，印书之资以巨万计，家无旬月之蓄，而先生安之。自编次、校写、选工、监役，下至装潢之款式，纸墨之料量诸凌杂烦辱之事，为古学人所不屑为者，而先生亲之。举力之所及，而惟传古之是务。知天既出神物，复生先生于是时，固有非偶然者。《书》有之曰：功崇惟志，业广惟勤。先生之功业，可谓崇且广矣。而其志与勤，世殆鲜知之，故书以为之序，使世人知先生所以成就此业者，固天之所启，而非好事者与寻常笃古者所能比也。”

王国维的笔下流出这么多的溢美之词，不正是对罗振玉贡献的充分肯定吗？尽管该书刊印本是王国维手抄的全稿，但据可靠资料证明，罗振玉让王国维抄稿是付了五百元酬金的。1925 年，王国维在清华研究院给学生讲演时就明确说：罗氏于宣统庚戌撰《殷商贞卜文字考》，嗣撰《殷虚书契考释》《殷虚书契待问编》等。

现在，《殷虚书契考释》的手稿已经发现，完全是罗振玉的手笔。著名学者商承祚后来回忆说：“王国维之死，谣言蜂起，最引人注目的莫过于郭沫若谓王之死，乃罗振玉逼债造成的惨剧……正在此期间，我适在北京，有一天，途遇陈梦家，他悄悄地同我说：'《殷虚书契考释》的稿本被我买到了，完全是罗的手笔，上有王的签注，印本即根据此稿写定的，您有空，请到我家看看。'该书是请王为之誊写并加入王说而付印的，那些头脑简单和从恶意出发的人，以为王写的就是王著，足见其可笑程度。"

由罗振玉和王国维开拓的这门"罗王之学"，是值得学人们尊重的。王国维自己当然为写定的《殷虚书契考释》刊印感到高兴。他既参与这部著作的创作，又为自己开辟新的学术领域而自豪。正因如此，王国维曾写下《题〈殷虚书契考释〉》诗以抒怀：不关意气尚青春，风雨相看各怆神。南沈北柯俱老病，先生华发鬓边新。

从这桩学术公案中可以看出，对待像罗振玉这样的政治上保守而学术上有突出贡献者，是不能够有偏见的，应该给予公正的评价。既不能因为其政治上保守而抹杀其学术上的功绩，更不能心存门户之见而歪曲事实。

总之，从 1913 年起，王国维开始将自己的研究兴趣从哲学、美学及文学、戏剧，转移到中国传统的经史之学，专攻古文字学、古器物学、古史地学。他先后致力于历代古器物、甲骨金文、齐鲁封泥、汉魏碑刻、汉晋简牍、敦煌唐写经、西北地理、殷周秦汉古史和蒙古史等的考释研究，还做了很多古籍的校勘注疏工作，填补了中国古代史研究的一片空白。古史研究反映了王国维崭新的学术理念，也反映了中国近代史学的发展趋势；它既是王国维本人的学术里程碑，也是中国近代史学史上的重要转折点。

第 5 章

扬名学界

委蛇遗老群中的操守

1916 年初，王国维因生计问题，踏上回国的路程。为纪念在日本的这些岁月，他从此便改号“观堂”。

他回到上海后，应英国人哈同之聘，出任哈同“广仓学宭”《学术丛编》的编辑主任，继续从事甲骨文和古史考证。1918 年，他兼任哈同办的仓圣明智大学教授。

王国维返沪以后，已是个十口之家，开支逐年增多。这给他带来了很大的困扰。他回到上海入哈园编辑处，月薪一百五十元，仍然难以支应孩子们的学习费用及其他开支。为此，他不得不谋求兼职。还在日本东京的罗振玉屡次劝慰王国维不必过多操心生计，如在沪实在困难，不如再返日本。罗氏深知王国维不善经营，就从日本京都来信叮嘱，让王国维将合适的书画收购了寄到京都，由罗氏负责在日本出售。这样赚得的一两千元，成为王氏在沪七八年间从事学术研究的经费。

与罗振玉的交往，使王国维在政治上也日趋保守，无形中成了与罗氏一样的前清遗老。而回到上海后，他与前辈学者沈曾植、张尔田、缪荃孙等人的密切交往，更加深了这种“遗老”印象。实际上，王国维尽管与这些前清遗老交往密切，但主要活动集中于学术领域。他平日深居简出，生活俭朴，从不主动介入政治圈子，时刻保持着一个纯粹学者的操守。这一点，在王国维与沈曾植的交往中体现得非常明显。

沈曾植是浙江嘉兴人，历任清朝刑部主事、安徽提学使、署安徽布政使护理巡抚，是清末“同光体”诗派的代表人之一。辛亥革命后以遗老自居，住在上海。他学识渊博，在音韵学、西北历史地理、古今律令、书法、佛学、道学等方面均有独创性的贡献。

沈氏是王国维非常尊重的老辈学者。1915 年 3 月，王国维带着家人，乘船经上海回到海宁扫墓。4 月，罗振玉从日本回上海，介绍王国维拜访沈曾植。在麦根路 11 号沈寓，王国维初次结识了这位学界前辈。沈曾植事前读过王国维写的《殷虚书契考释后序》，对后序中概括三百年来文字学的盛衰发展，深感满意，很赏识王国维的学识，于是两人一见面，便谈论古音韵问题。在沈曾植对其学问赞赏之余，王国维也谦虚地向沈曾植请教古音韵的学问，对以后的研究有所促进。从此，两人相交渐密。

王国维从日本回到上海定居后，与沈曾植始终保持着亦师亦友的关系。他刚到上海，就去拜访沈曾植。当时王国维已届四十岁，沈曾植已六十五岁。王国维尊之为前辈学者，沈曾植则视王国维为忘年交。

沈曾植是诗人，古诗功力纯厚。王国维对自己的诗词本来就很自信，这又是他们之间互相交往的一个领域。互相唱和，既有文人的情趣，在前清遗老圈中更是一种特有的精神寄托。王国维曾以自己的《人间词》自豪，抒发过对人间苦痛的感受。在与沈曾植诸前清遗老的交往中，也唱和了一些诗词，送给沈老斧削。沈曾植也将自己的作品寄给他，请他鉴赏。两人以诗会友，别具特色。

从1919年起，王国维协助沈曾植编纂《浙江通志》。沈氏对王国维相助十分高兴。他说："浙志得公相助，且为湖山生色。"王氏之所以这样，一来可以经常向这位博通经史，尤其是音韵之学的前辈请教；二来可以经常与聚集在沈氏周围的一批新老学人交往，以增进学问上的交流切磋。王国维稍后治文字音韵学，校《水经注》，考西北史地和研究蒙元史，或向沈曾植借阅藏书，或参酌其著述，得益良多。

王国维与沈曾植的关系，主要是论学。他们之间经常发些遗老的牢骚，但是沈曾植的重大的复辟活动并不告诉王国维，王国维也没有参与其政治活动。1922年沈曾植逝世后，王国维为其撰写的挽联是：

是大诗人，是大学人，是更大哲人，四照炯心光，岂谓微言绝今日；

为家孝子，为国纯臣，为世界先觉，一哀感知己，要为天下哭先生。

甲骨文字的缜密考释

王国维回到上海后，把主要的精力投入了甲骨文字的研究与考释。

此时，罗振玉相继刊印了《殷虚书契菁华》《殷虚书契前编》《殷虚书契后编》及《殷虚书契续编》等著，并将《殷虚书契考释》之外有待考辨的甲骨文字千余名，辑印成《殷虚书契待问编》，专门寄给王国维，请他继续考辨。罗氏致函王氏说："此书舍公外，殆无第二人能读之者。"

在回到上海后的两年时间内，王国维以极端严谨的态度、科学的精神，与罗氏通函商酌，考释甲骨文，并取得了突出成绩。他后来综括与罗氏考释甲骨文字的成果时说："书契文字之学自孙比部而罗参事而余，所得发明者不过十之二三；而文字之外，若人名，若地理，若礼制，有待于考究者尤多。"王国维将自己对于甲骨文考释的成果，撰成《殷虚书契待问编简端记》，刊印出来供学者们研讨。

王国维对甲骨文研究取得突破性进展，是从考释王亥之名开始的。早在罗振玉撰写《殷虚书契考释》时，已发现"王亥"之名，但未能深入考释。王国维在读《山海经》《竹书纪年》后，考得王亥为殷之先公，并与《世本·作篇》之胲、《帝系篇》之核、《楚辞·天问》之该、《吕氏春秋》之王冰、《史记·殷本纪》及《三代世表》中之振、《汉书·古今人表》之垓相比较，断定这些名称其实为同一人。由此，王国维进而将"王亥"二字定为殷商时的人名，该人名为不少古书所传写，且有不同的写法。他进而考定了《史记》中关于殷商世系的记载，发现这是可以用已经出土的甲骨文证实的。

王国维在甲骨学方面的贡献，除了具体考证甲骨文字外，还体现在甲骨片的缀合方法及甲骨文的断代方面。在骨甲片的缀合方面，王国维虽然是尝试，其实开辟了一条甲骨研究的新路。这条新路是罗振玉等所未尝试过，而为后来研究者作了示范。甲骨经过三千多年后出土，其中完整无缺的甲骨片是极少的，大都断碎。即使是出土时较为完整的，经过几次买卖、墨拓之后，往往也会成为碎片。这样，研究甲骨文缀合就成为必要的手段，而王国维则开了甲骨缀合研究的先河。此后，甲骨缀合研究日益发展，这方面的成果也日益增多。郭沫若 1933 年编纂的《卜辞通纂》，就有甲骨缀合四十例左右。在甲骨文的断代方面，王国维根据卜辞中的称谓与殷先王的世系互证，推断了甲骨片的制作年代。这种推断年代的方法，开了甲骨断代研究的先河，这同样给了后来的甲骨学研究者以极大的启发。董作宾对甲骨的断代进行了专门研究，并于 1932 年写成了《甲骨文断代研究例》。他在该书中提出了甲骨断代的十项标准：世系、称谓、贞人、坑位、方国、人物、事类、文法、字形、书体。其中世系和称谓两项，实际上是王国维已经使用的标准。

研究甲骨文字，王国维不是最早者。然而，把甲骨文字的研究独立成为一门学科，既对甲骨文字作文字学、史学的研究，也进行缀合、断代等的研究，王国维则是中国第一人。而王国维对甲骨文的最大贡献，是将甲骨文与古史研究结合起来，来探明古史的真相。可以肯定地说，王国维是中国近代利用甲骨文考证古史的第一人。

王国维通览了诸家数以万计的殷墟甲骨文字拓本，并进行了认真的研究与考释，又掌握了清道光、咸丰以后相继出土的三代重器，如毛公鼎、盂鼎、克鼎，以及被季子自盘等钟鼎彝器铭文，亦亲自加以考释。在这个基础上，他将“地下之学问”与“纸上之材料”融会贯通，考文证史，乃于 1917 年春撰成了轰动海内外学术界的甲骨文字研究力作《殷卜辞中所见先公先王考》及《殷卜辞中所见先公先王续考》，考定殷代世系，证明《史记·殷本纪》所载基本不误，向科学的新古史迈进了可喜的一步。王国维将地下的甲骨文材料，与中国历史古籍对比来研究，用卜辞补正了文献记载的错误，得出了崭新的结论。他的考证方法极为缜密，因而论断是精审的。这种将地下出土的实物与古籍上的记载互相参照，扩大了人们对古代社会认识的视野，学术上得到了极大的收获。《殷卜辞中所见先公先王考》及《殷卜辞中所见先公先王续考》的刊印，是中国甲骨学成为一门成熟学科的重要标志。

王国维由考释殷墟卜辞，进而考证殷商古史，开创了甲骨文字研究的新纪元，作出了划时代的学术贡献。唐兰综述近代甲骨学四大家之贡献时说："卜辞研究，自雪堂导夫先路，观堂继以考史，彦堂区其时代，鼎堂发其辞例，固已极一时之盛。"甲骨学专家吴浩坤、潘悠也指出：把王亥二字定为人名，从而把古书的说误，一一清理出来，尤属难能可贵。王氏的考证，可以说精确无误。郭沫若则赞颂说：王国维遗留给我们的是他的知识的产品，那好像一座瑰巍的楼阁，在几千年来的旧学的城垒上，灿然放出了一段异样的光辉。

轰动学界的《殷周制度论》

1917 年 9 月，王国维在撰写了《殷卜辞中所见先公先王考》《殷卜辞中所见先公先王续考》等文之后，又完成了《殷周制度论》的撰写。这是他继发现了殷商世系之后，依据甲骨文进一步对商周社会制度进行研究的重大成果。

王国维原打算根据甲骨文来考述夏商周三代帝王都邑的变

迁，拟题为《续三代地理小记》，后因为考虑到都邑为政治与文化之标徽，都邑的迁移意味着制度的剧变，故将研究重心放在殷周制度变迁上。他敏锐地发现，自上古以来，帝王之都皆在东方，唯独起于西方的周代，都邑自东方而移于西方。因此，都于东方的夏商二代文化略同，而都于西方的周代与殷商则迥异，这样的变异，是殷周之间制度变迁的征候。故在其手稿上，他开始将这篇文章起名为《殷周论》，又在旁写上《殷周文化论》，后又想拟题为《殷周制度异同论》，最后才将题目正式定为《殷周制度论》。

《殷周制度论》的大旨，是论述周代制度与殷商制度的区别。这种区别，预示着殷周之际是中国历史上一个十分关键的时期。他开门见山地指出：中国政治与文化之变革，莫剧于殷周之际。而夏殷之间政治与文物之变革，不似殷周间之剧烈矣。他说："殷、周间之大变革，自其表言之，不过一姓一家之兴亡与都邑之移转；自其里言之，则旧制度废而新制度兴，旧文化废而新文化兴。又自其表言之，则古圣人之所以取天下及所以守之者，若无以异于后世之帝王；而自其里言之，则其制度文物与其立制之本意，乃出于万世治安之大计。其心术与规模，迥非后世帝王所能梦见也。"

他认为，周之所以定天下，是从其制度开始的。周人之制度有异于商者，其一是立子立嫡之制度。由是而生宗法与丧服之制，再则有封建子弟之制，君天子臣诸侯之制。其二是庙数之制。其三是同姓不婚制。此数者，皆周之所以纲纪天下，其旨则在纳上下于道德，而合天子、诸侯、卿、大夫、士、庶民以成一道德之团体。他指出，周公制作之本意，实在于此。这并不是附会之语，而是有确切的事实根据的。

王国维论述说，当武王之崩，天下未定。以周公勋劳最高，以德以长，以历代之制，则继武王而自立，固其所矣。而周公没有这样做，乃立成王而自摄之，后又返政于成王。其所以摄政，只为时局未稳，为济变也。他由此论定，从此以后的子继之法，遂为百王不易之制。

王国维考证中国宗法制度的产生原因在于：是故由嫡庶之制，而宗法与服术两者生。商人无嫡庶之制度，故不能只有国法，纵然有之，也不过是合一族之人奉之贵且贤者而宗之。其所宗之人，固非一定而不可易，如周之大宗与小宗。他说："周人嫡庶之制，本为天子诸侯继统法而设，复以此制通之大夫以下，则不为君统而为宗统，于是宗法生焉。"

王国维在《殷周制度论》中，考论殷周之际政治变革及周人立制之原，所以损益前代之故，这使甲骨文研究不再局限于古文字学的范围，进入了着眼于历史上文化制度的研究。《殷周制度论》中许多论定，如"殷以前无嫡庶之制""由传子之制而嫡庶之制生焉""为人后者为之子"以及"分封子弟之制"，乃至尊尊、亲亲、贤贤、男女之别的制度，其产生演变的历史过程，都解说得明明白白。因此，《殷周制度论》无疑是对殷周两代社会历史制度作了清晰的梳理，对中国古史研究有着重大的贡献。

王国维的考据精确，义理深沉，迅速震撼学界。世界汉学界，自东京、京都到巴黎、柏林，无不知有中国学者王国维者。在国内，王国维的名声更是如日中天，几乎盖过了章炳麟（太炎）和梁启超。

王国维对《殷周制度论》也颇为自豪。他在代罗振玉作的《观堂集林序》中说：此文"义据精深，方法缜密，极考证家之能事。而于周代立制之源及成王周公所以治天下之意，言之尤为真切。自来说诸经大义，未有如此之贯串者。”

赵万里在《王国维先生年谱》介绍此文时高度称赞说：此篇虽寥寥不过十数页，实为近世经史二学第一篇大文字。盖先生据甲骨及金文字，兼以《诗》《书》《礼》参之，以证殷之祀典及传统之制，均与周大异。而嫡庶之别即起于周之初叶，周以前无有也。复由是于周之宗法、丧服及封子弟、尊王室之制，为具体之解说。义据精深，方法缜密，极考据家之能事。殆视为先生研究古文字学及古史学之归纳的结论可也。

关于王国维在甲骨学史上的地位，郭沫若的评价是中肯的。他指出：我们要说殷墟的发现是新史学的开端，王国维的业绩是新史学的开山，那是丝毫也不过分的。

走向证古的大师

中华民族来源和中国上古的历史，最早见于《尚书》之首的《尧典》。司马迁的《史记》有《五帝本纪》，依据《大戴礼记·五帝德》来概说黄帝以下诸帝王，所载年代距今约五千年之久。然而，《尧典》开篇即言“曰若稽古”，证明这样的历史是后人追记的，而非实录；《五帝本纪》亦是掇拾前人遗说，并非确然的信史。这种状况，自然难以满足近代以来中国人探究古史真相的要求。

鸦片战争后，西方列强入侵中国，古老的中华文明遭遇了强势的西方文明的挑战。文明的冲撞交流迫使中国学者反观自身传统，检索古书，考论古事，以期找到原本不弱于彼的历史根据。但由于文献不足征，晚清学者多陷入极度困惑之中，疑古之风渐起。

顾颉刚受清代疑古学者姚际恒、崔述等人影响很大，具有深厚的国学功底。他敏锐地发现了古史记载中的许多问题，提出“层累的造成中国古史”主张，从而在古史研究乃至整体学术研究领域产生深远影响。

近代以来的古史辨派，在很大程度上做的工作是“辨古书”。他们发现了古书记载的若干问题，对古文献作了许多去伪存真的贡献。然而，伪古史的造成必伴随有真古史的湮没，所以仅仅去伪是不能全面勾画中国古史面貌的。正因如此，顾颉刚为代表的古史辨派常以破坏多而建设少而为人诟病。王国维不满意古史辨派的疑古做法，力图以地下出土之新史料来证史，走了一条与顾颉刚完全不同的学术之路。

甲骨文的发现极大地影响了中国近代学术的发展。作为古学大师，王国维对清末发现的甲骨文格外重视。在帮助甲骨收藏大家罗振玉整理甲骨、考释文字的过程中，王国维发现甲骨文的证史价值。在他看来，甲骨文字既可以补《说文解字》系统之不足，又可有益于经史之学，对古史研究带来突破性进展。因此，王国维以极大的兴趣、精力投入到这一新兴学术领域，成为近代中国以甲骨文证史的第一人。王国维运用甲骨文研究商周历史，这在中国近代学术界是前无古人的创举。

晚清康有为提出“六经皆伪”，后来史学界发展为顾颉刚为代表的古史辨派，对古史抱怀疑态度。章太炎是古文经学家，精通语言文字音韵学，但他又不相信甲骨文，认为甲骨文不是真的，因此对这种研究甲骨文进而研究历史的方法持否定态度。王国维与古史辨派不同，他认为古代传说仍有史学研究的价值，态度比较审慎；他又不同于乾嘉学派，乾嘉学派是经学家，他们研究语言文字学是为了通经。王国维研究语言文字学，其基本出发点在于考史。而章太炎是过分相信书本知识，连青铜器上的金文、龟甲上的卜辞都一概否定其价值，故限制了其学问上的长进。

王国维在甲骨学研究方面的成就是多方面的。概括来说，主要表现在：他注意用新材料、新方法来解决新问题，综合比勘；他将甲骨资料与其他史料相互参证，在历史地理、古代祀典、制度、古文字辨析、甲骨断代、甲骨缀合研究诸方面均有创获；他在对殷王世系的考订中取得了卓著成果，所作《殷卜辞中所见先公先王考》和《殷卜辞中所见先公先王续考》是研究商代历史最有贡献的著作；他根据卜辞中的地名与古文献相印证，撰成《殷卜辞中所见地名考》；他还对殷代祀典进行了详细探讨，著有《殷礼征文》，提出的一些至今仍确切不可易的新论点，对启发后人研究殷代文化制度有很大的帮助。

王国维在甲骨学上的突出的贡献，象征着西方实证主义与中国传统考据学的完美结合，标志着科学可信的中国上古史开始建立。

北京大学通信导师

王国维从日本回国定居上海后，由于其在古史研究中取得的卓越成绩，受到海内外学界的关注。当时的北大校长蔡元培倡导兼容并包，王国维被视为新派学者而受到蔡元培的赏识，很希望王国维到北大任教。

1917 年 9 月初，蔡元培写信给王国维的同乡和朋友、时任北大教授的马衡，表示想聘王国维为北京大学教授。1918 年 6

月25日，北大方面派人到上海登门面请。但是王国维自认为是前清遗老，不能为民国之人卖命，并没有答应北大方面的要求。1918年冬，蔡元培委托马衡再次出面礼请，又被王国维婉言谢绝了。不过，王国维也留有余地，告之北上有困难。同时，王国维还写信给罗振玉，征求意见。罗振玉请他征求沈曾植的意见。沈曾植同意王国维北上就聘，但因未得到罗振玉的同意，加上家庭负担较重，有实际的困难，王国维在经过一段时间的思想斗争后，最终没有应聘。

1919年春，罗振玉归国定居天津，罗、王正式结了儿女亲家。蔡元培乃与北大诸同仁商定，派王国维的同乡老友马衡前往天津罗宅，再次转达聘请的诚意，请罗氏出面劝王国维应大学之聘。

1921年春，马衡到天津罗振玉家，请罗振玉出面劝王国维应聘北大教授。尽管罗振玉当着马衡的面写了推荐书，但随后又致信王国维，要他设辞谢绝。王国维回信对罗振玉说：马衡及大学雅意，与公相劝勉之厚，敢不敬承。唯旅沪日久，与各界关系甚多，经手未了之事与日俱增，儿辈学业多在南方，维亦有怀土之意，以迁地为畏事。王国维借口参与编纂《浙江通志》、正在接手编撰的藏书志，及仓圣明智大学教职等事难以摆脱，加以婉拒。同时，还加上一条“以迁地为畏事”的理由。

可是，过了不久，罗振玉自己先应了北京大学之聘，任考古学导师。他对王国维说：去冬法国博士院举弟为考古学通信员，因此北京大学又语前约。弟谢之再三，乃允以不受职位，不责到校，当以为各人而尽指导之任，蔡、马并当面承允。因又托弟致意于公不必来京，从事指导。乃昨忽有聘书至，仍立考古学导师之名，于是却其聘书。盖有聘书，则将来必有薪金，非我志也。若有书致公，请早为预计。

北大鉴于王国维的实际情况，乃采取折中办法，给予王国维“通信导师”身份，名义上不算为北大工作。马衡写信给王国维说：北京大学新设研究所国学门，请罗振玉先生为导师，昨已得其许可。蔡元培先生并拟要求先生担任指导，嘱为函恳，好在研究所导师不在讲授，研究问题尽可通信。因通信导师不必“迁地”北上，加上罗振玉已经应聘在先，王国维便答应就任北大通信导师。

北大校长蔡元培为首的北大诸公，为了聘请王国维这样一位真正的学术大师，前后三派“使者”、四发函件，真正做到了“三请四邀”。虽然未能使王国维移驾“北行”，但北大礼贤下士的诚意足以令人感动。

数拒薪金传佳话

王国维就聘北大研究所国学门通信导师后，又有了数拒薪金的佳话。

1922 年 3 月中旬，刚从欧洲考察归来的蔡元培派马衡再赴天津罗宅，在聘王国维为国学门通信导师的同时，又聘罗振玉为“不受责，不到校”的考古学导师。王国维虽为北大“函授”导师，但打破常例，照致薪金。在他答应北大通信导师半年后，蔡元培命人送来两百元大洋作为工资酬谢，以表示北大对这位学术大师的诚意。

然而，王国维却以自己未受聘北大为名，死活不收。他深感自己置身千里之外，丝毫不能有所贡献，无事而食，至为不安，当即将薪金退给来者，请其带回北大。不久，北京大学再派人送去薪金，王国维仍然拒收。

1922 年 8 月 1 日，他在致马衡信中说：昨日张君嘉甫见访，交到手书及大学修金二百元，阅之无甚惶悚。前者大学屡次相招，皆以事羁未能趋赴。今年又辱以研究科导师见委，自唯浅劣，本不敢应命。唯惧重拂诸公雅意，又私心以为此名誉珍贵也，故敢函允。不谓大学雅意又予以束脩。窃以导师本无常职，弟又在千里之外，丝毫不能有所贡献，无事而食，深所不安；况大学又在仰屋之际，任事诸公尚不能无所空匮，弟以何劳敢贪此赐，故已将脩金托交张君带还，伏祈代缴，并请以鄙意达当事诸公，实为至幸。

在北大方面看来，不受薪金，是不是意味着还会不受职位。于是，马衡致函王国维说：大学致送之款，本不得谓之束脩，如先生固辞，同人等更觉不安。昨得研究所国学门主任沈兼士兄来函，深致歉疚，坚嘱婉达此意，兹将原函附呈。同时，再请张嘉甫致送一次；又申明：务祈赐予收纳，万勿固辞，幸甚幸甚。

沈兼士听到王国维不受薪金事，郑重地告诉马衡：本校现正组织《国学季刊》，须赖静安先生指导处正多，又研究所国学门下半年拟恳静安先生提示一二题目，俾研究生通信请业，校中每月送百金，仅供邮资而已，不是言束脩。尚望吾兄婉达此意于静安先生，请其俯允北大同人欢迎之微忱，赐予收纳，不胜盼荷。

这样，在北大登门送薪金被拒后，蔡元培命人登门道歉，声称工资之说纯属口误，最后以帮通信教授报销邮费名义，让王国维收下两百元大洋。处于贫困中的王国维，这才收下了这笔钱。

王国维多次不受薪金，不只是一般意义上的廉洁。殷周时代的伯夷作为遗老，不食周粟而亡。这个故事对王国维影响甚深。以清朝遗老自居的人，能不能拿民国的国立大学的薪金呢？这样的问题始终困扰着王国维的思想。沈兼士、蔡元培等人以特有的智慧指出，这不是薪金，而是邮资。因为，既然接受了通信导师的名义，邮资总该接受的。这样就名正言顺了。

果然，1922 年 8 月 24 日，王国维致函马衡说：前日张嘉甫携交手书并大学脩金两百元，诸公词意殷拳，敢不暂存，唯受之滋愧耳。并立即任事。他说：研究科有章程否？研究生若干人？其研究事项想由诸生自行认定？弟于经、小学及秦汉以上事或能略备诸生顾问。至平生愿学事项，力有未暇者尚有数种，甚冀有人为之，异日当写出以备采择耳。《国学季刊》索文，弟有《五代监本考》一篇录出奉寄。

这样，王国维终于数请出山。

第 6 章

京都际运

南书房行走

1923 年春，溥仪小朝廷要选海内硕学之士，由蒙古贵族升允举荐，王国维应召为清故宫南书房行走，食五品俸。按清代惯例，在南书房工作，大都应是进士、翰林以上学问渊博的著名人物，王国维虽只是布衣出身，以他的学识，与杨钟羲、景方、温肃三人同时入南书房工作，有幸得窥大内所藏，检理景阳宫藏书。

1923 年 6 月初，王国维入紫禁城谢恩。废帝溥仪给他下了“每日进来入值”的上谕。1924 年 1 月 7 日，溥仪给他加发了一道上谕：着在紫禁城骑马。王国维接旨谢恩后，按捺不住内心的激动，立即向罗振玉报喜。紫禁城骑马，就是可以出入红墙的“特别通行证”；紫禁城骑马，又是专制特权的象征！王国维对皇帝的恩赐受宠若惊，感激涕零。但好景不长，北京政府内部的变乱打破了故宫小朝廷和王国维宁静的生活。

1924年10月23日，冯玉祥发动了北京政变，命鹿钟麟为北京警备总司令。11月5日上午9时，鹿钟麟手持“代行大总统”指令及经过修改的《修正清室优待条件》，在二十多名全副武装的军警护卫下，直入紫禁城。鹿钟麟限溥仪在两小时内必须签字、出宫，不得拖延。

这个《修正清室优待条件》，凡五条，其中关键的是第一条：大清皇帝即日起永远废除皇帝尊号，与中华民国国民在法律上享有同等一切之权利，以及第二条：即日移出宫禁，以后得自由选择住居，同时将原条例由中华民国拨给“岁用四百万两”改为“民国政府每年补助清室家用五十万元”；又将原条例所谓“其原有之私产，由中华民国特别保护”，改为“其一切公产应归民国政府所有”。溥仪被迫立即在《修正清室优待条件》上签字，并很快迁出宫禁。

1924年是甲子年，故罗振玉等前清遗老称此次逼宫为“甲子之变”。王国维怀着君辱臣死之义，将此事引为奇耻大辱，愤而与罗振玉、柯劭忞相约投神武门御河自杀。据说，因后来形势缓和，逊帝溥仪脱险出走天津，他们才放弃自杀计划，留下了性命，以图日后报效。

溥仪被迫出宫后，王国维随侍左右，未敢稍离。他在致罗振玉的诗中，黯然神伤地吟道：事到艰危誓致身，云雷屯处见经纶。庭墙雀立难存楚，关塞鸡鸣已脱秦。独赞至尊成勇决，可知高庙有成神。百年知遇君无负，惭愧同为侍从臣。这样，王国维与罗振玉、柯劭忞一样，成为效忠于逊帝溥仪的“前清遗老”。

作为历史人物，王国维是复杂的、矛盾的。一方面，他是大学者，堪称一代国学大师；可在政治上他却是封建社会的卫道士，以清朝遗老而自居。人们对他成为遗老很是遗憾，并将其归罪于罗振玉的诱导和社会环境的压迫。顾颉刚曾抱“同情的理解”的态度，解释了王国维做遗老的原因。他说：王国维做遗老的原因，我是很原谅的。因为他和罗氏的关系这样密切，而罗氏喜欢矫情饰智，欺世盗名，有意借了遗老一块牌子来图自己的名利，他在这个环境之中，也就难以自脱，成了一个“遗而不老”的遗老了。等到成了遗老，骑虎难下，为维持自己的面子起见，不得不硬挺到底了。他是一个穷书生，若没有罗氏的帮助，如何能够得到一个不问外事专心读书的境界，他的学问怎能有今日这般好。既经靠了罗氏的帮助而得学问的成功，他又如何能与罗氏分道扬镳，反面若不相识……倘使中国早有了研究学问的机关，凡是有志研究的人到里边去，可以恣意满足他的知识欲，而又无衣食之忧，那么静安先生何必去投靠罗氏，更何必因靠罗氏之故而成为遗老。

清华国学研究院导师

冯玉祥“逼宫”事件后，王国维结束了“南书房行走”的工作。

1924 年初，清华学校欲改办大学，同时设立研究院。2 月 22 日，清华学校校长曹云祥致函胡适，请他担任筹备大学顾问，并动员胡适出任清华研究院院长。胡适推辞不就，并向曹校长推荐了四位导师人选：梁启超、王国维、章太炎、赵元任。后因章太炎不就，而改聘陈寅恪（由吴宓推荐）。

胡适极力推荐王国维为清华国学院导师，是出于对王国维学问的推崇。早在 1917 年胡适刚从美国留学回国时，他就看到，近几年的学术界“文学书内，只有王国维的《宋元戏曲史》是很好的”。1922 年 8 月 28 日，胡适在日记中写道：“现今的中国学术界真凋敝零落极了。旧式学者只剩王国维、罗振玉、叶德辉、章炳麟四人；其次则半新半旧的过渡学者，也只有梁启超和我们几个人。内中章炳麟是在学术上已半僵化了，罗与叶没有条理系统，只有王国维最有希望。”

1924 年 12 月 8 日，胡适陪同曹云祥校长拜访了王国维。随后，曹云祥致信王国维，并附手写聘书。聘书上写道：“兹聘请王静庵先生为本校研究院主任，担任国学研究事务。即希查照后，列聘约办理为荷。（一）每星期内授课拾点钟以内。（二）每月薪金银币肆百元，按月照送。（三）一切待遇照本校规定研究院教员任用规则办理。（四）此项聘约以叁年为期（自民国十四年一月起至十六年十二月底止），期满若得双方同意再行续订。”

同时，胡适积极做废帝溥仪、庄士敦和王国维本人的工作。胡适在给王国维的信中，希望他出任清华导师。其云：“鄙意亦以为先生宜为学术计，不宜拘泥小节，甚盼先生早日决定，以慰一班学子的期望。”胡适的诚意和曹云祥校长的善待感动了王国维。于是，他决定亲自到清华研究院去看一看。胡适便用自己的车子拉着王国维，往返陪同，走了一趟清华园。从此，清华园中晃动着一个曾为“帝王之师”而如今仍为废帝之师的学人身影，清华学子也获得了一代国学大师的教诲。这是清华人的骄傲，也是中国现代学术史上的一件幸事。

1925 年清华国学院开办后，王国维出任清华国学研究院教授，主要讲授《古史新证》及《说文》《尚书》等课程，并从事《水经注》校勘及蒙古史、元史研究。他以其精深的学识、笃实的学风、科学的治学方法和朴素的生活，影响了清华学人，培养和造就了一批文字学、历史学、考古学等方面的专家。同时，他自身的学术也更加精进，学术成果丰硕。其论殷周、释甲骨、释钟鼎，处处卓绝，语语精到，皆出自己心得、发明和独创，对古代历史、古代地理等研究作出重大贡献，博得海内外学人的推崇和尊敬。

王国维与梁启超、陈寅恪、赵元任并称清华国学院四大导师，成为“教授的教授”。

平生佳运在斯时

王国维几乎无时不在为全家衣食、诸子学业前程操劳。这种情况，直至他移居清华园以后，才逐渐好转起来。在这两年多时间内，是他一生中同事相处和谐、研究环境惬适，又是家和人气旺，生活安定，景况最好的。

这时的王国维正值“知天命”之年。前妻莫氏所生三子，均已长大成人。首先是长子潜明，已成家立业。潜明是个不愿依赖父辈、喜欢过独立生活的人。他在与罗振玉三女孝纯婚后不久，即1919年9月从上海工部局所办育才公学肄业，并由校方介绍，考入了海关。次年调至天津海关，寄居嘉乐里岳父家中。不久，海关新建公寓落成。罗氏念小两口才结婚，尚无生活经验，劝他不要急于另立小家庭。王国维也来信对他说，你刚入海关、工薪有限，还是住在岳父家中，既可节省开支，又彼此有所照应，要他听从罗氏劝告。但王潜明还是执意迁出罗宅，搬入公寓，过起了独立的小家庭生活。王国维非常器重长子，家事都要写信向他征求意见，通气商量。次子高明，此时也已成家立业。高明也就读于上海育才公学，并于 1919 年夏被举为该校学生会副会长。因参加五四爱国学生运动被校方开除。1920 年，高明考入邮政。1922 年春完婚成家。三子贞明在取得中学毕业文凭后，进入了沪江大学，并于 1927 年初转至北京燕京大学。

家风清正，子女上进，这历来是除了权门豪富以外的中国家庭兴旺的重要标志。王国维年长的三个儿子在上海工作或读书。潘夫人所生的子女，此时均在清华园家中读书。王国维素来重视传统教育，他的六子二女均幼承庭训，请塾师发蒙教读，有较深厚的诗文功底。尤其是高明，更以承传家学、词学造诣精深著称。

这个时期，王国维的子女是长有所业，幼有所学；他在清华园真可谓家庭和睦，其乐融融。

他的女儿王东明后来回忆道：弟妹们在家读书，常要跑到父亲做学问的前院去玩。有时吵吵嚷嚷，声音太大了，母亲怕打扰了父亲，就拿了一把尺子，装模作样地要把他们赶回后院去。他们却躲在父亲的背后，父亲一手拿书继续阅读，一手护着他们满屋子转，真使母亲啼笑皆非。

在清华国学研究院的师生茶会上，心情舒畅的王国维曾应学生要求，模拟私塾老先生的声腔，吟读八股文。他还与梁启超一道背诵诗文，梁背《桃花扇》选段，他则挑出《文选》里的《二都赋》，全文背诵。居家做学问的空隙，王国维同样会应孩子们的要求吟诗诵词，不过不同于新式的所谓朗诵，而是按古典诗词的韵律吟唱，从而营造出一片其乐融融的和睦景象。

书成自谓绝代无

清华园中宁静的生活，使王国维可以将精力集中于学术研究上，进而取得了丰硕的研究成果。

1926年，王国维发表了运用新方法研究商史的系统著作——《古史新证》。该著作原是在清华国学研究院开设“古史新证”一课的讲义，其中的具体材料，是从过去撰写的论文中选取的，但却都按照新的学术观点加以统率。因此，该著是王氏有系统地研究殷商史的著作。

《古史新证》共分五章。第一章总纲，提出历史研究的新方法——二重证据法。第二章举禹作例，说明二重证据法的作用。这两章都是针对史学界已有的古史讨论提出来的。第三、四章殷之先公先王，是根据《殷卜辞中所见先公先王考》《殷卜辞中所见先公先王续考》改写而成。这两章是王国维在史学研究上的突出贡献，是他研究殷商史的典范，是二重证据法实际运用的示范，可以给研究生们治学方法的具体范例。所以，《古史新证》首先是一部讲义，是为教学而撰写的，有理论，有示范，这使学生有了极深刻的印象。

《古史新证》第一章的总论，是全书的理论纲领，是最能体现王氏治史风格与治学理念的部分。这个总论，集中反映了王国维研究古史的新方法及新理念。他指出，历史中的上古历史，常常是传说与史实混淆不分，这是一个世界性的规律。史实中有人为的修饰加工，与传说没有两样；而传说又有史实作为渲染的基础。史实与传说混淆，确实是各民族历史的共同现象，尤其是上古时期。因此，面对史实与传说混淆的历史现象，历史研究者在研究历史时必须有确凿的证据。

王国维在《古史新证》中阐述的研究古史的基本原则，是“事物必尽其真，而道理必求其是”“虽圣贤言之有所不信焉”，似乎与顾颉刚的疑古派在某些方面观点相近。但实际上却有着根本的区别。这种区别，就在于他认为治史的根本方法不在于“疑古”而要“证古”，强调以地下发掘的新史料来证史。

正因如此，王国维对当时史学界中古史辨派的怀疑精神提出了不同意见。他认为怀疑的态度与批评的精神不无可取，但未充分处理古代历史的材料，怀疑只能是怀疑，不能作结论。他批评说：“其于怀疑之态度及批判之精神不无可取。然惜于古史材料未尝的充分之处理也。”

他的这种观点，显然是针对顾颉刚为代表的古史辨派而说的。20 世纪 20 年代初，顾颉刚提出了一个大胆观点，即古史是层累地造成的，时代愈后，传说中的古史愈长久、愈具体。他指出，西周时代的人们认为最古的人只到禹，到孔子时代增加了尧、舜，到战国时代就有了黄帝、神农，到秦后有了三皇，到汉代有了盘古。越往后的人，编前代的历史越古老。

顾颉刚的眼光是敏锐的，所提出的问题也是实际存在的。对此，王国维并不一般地反对。王国维关注的是：所有怀疑的一切，都要加以证实。

如何对古史加以证实呢？王国维提出了全新的史学观念，即著名的“二重证据法”。他对只从古书上考证，或只从古书上怀疑两种方法，都持严厉的批评态度。在他看来，最关键的问题在于有没有用地下的新材料予以证实。

20 世纪初以后，历史研究的新材料层出不穷，例如殷墟甲骨文字、汉晋简牍、敦煌唐人写卷、内阁大库档案、国内外少数民族的遗文、出土的古器物和石经等。在他看来，这些新发现的材料，足以考定并纠正了古书上的问题和错误，从而得出较准确的结论。

王国维的《古史新证》，得到当时学术界的一致好评，也是后继学者必读的佳作。唐兰高度称赞说：夫考据之学，必虚己以待证，搜集材料而不徒骋辞说，新证既出，材料既富，不须穿凿新奇而自有创获，则王先生《古史新证》其选也。

为人称道的二重证据法

王国维在《古史新证》中，对二重证据法作了清晰的阐述。其完整的表述是："吾辈生于今日，幸于纸上之材料外，更得地下之新材料。由此种材料，吾辈固得据以补正纸上之材料，亦得证明古书之某部分全为实录，即百家不雅驯之言，亦不无表示一面之事实，此二重证据法，惟在今日始得为之。虽古书之未得证明者，不能加以否定，而其已得证明者，不能不加以肯定，可断言也。"

按王国维看来，凡是有大学问出皆有一个大发现与之相伴随。有孔子壁中书出，则有后汉以来古文家之学。有赵宋古器出，则有宋以来古器物与古文字之学。晋时的汲冢竹简出土，便有杜元凯之注《左传》，及稍后郭璞之注《山海经》。因此，中国纸上之学问，必有赖于地下之新学问。

一个史学隆兴的时代，大抵是史料丛出的时代。20 世纪初的中国，就是这样一个伟大的时代。其时新史料的发现，主要体现在：一是甲骨文字，二是流沙坠简，三是敦煌写书，四是内阁档案，五是东方文字，而近代以来最大的出土则是甲骨文字。

王国维在《古史新证》中提出的二重证据法是对自己历史研究经验的高度总结。他不是先提出一个方法再去研究，而是根据自己的研究实践不断加以提升，从而总结出新的研究方法。所以，二重证据法不是一种假设，或虚拟一种理论体系，而是一种考证古史的新方法。他撰写的《殷卜辞中所见先公先王考》及《殷卜辞中所见先公先王续考》，就是运用地下发现与地上文献的双重印证而取得的重要成果。王国维提出的这种新方法，显然是有现实针对性的。

中国传统的史学，有一个不能变的前提：宗经。历来儒家的经典是不能怀疑的。学者们在述而不作传统影响下，其历史研究只是为了阐明经典上已有的论述。到晚清时期，这种传统开始突破。王国维的视点，是将中国已有的古书视为纸上之材料，并详细列出了十类纸上的材料，即《尚书》《诗经》《易经》《五帝德》及《帝系姓》《春秋》《左氏传》及《国语》《世本》《竹书纪年》《战国策》及周秦诸子的著作、《史记》。在王国维看来，这些并不都是史书，但有相当高的史料价值。

王国维认为，新材料的发现，是推动学术进步的重要契机，故治史者必须重视这个时代发现了什么新材料。二重证据法的根本点，可以归纳为一句话，就是主张“以事实决事实”，而不是以某种主张、口号来决定历史。因为既然能为地下材料所证明的，当然是可信的；如还不能为新材料证明的，则也有可能新材料尚未发现，不必过早作出没有根据的判断。因此，在他看来，研究史学的学者首先应该着眼于发现新材料，并对已发现的新材料进行研究和整理。

二重证据法与清代考据学是不同的。清代考据学的着眼点是对古代文献的考订，特别是文字训诂方面的研究；王国维研究的是文字、社会制度、史前文物等，他利用甲骨文、金文等新发现的材料去对照研究。这些亲眼见到的新材料与史书上记载的东西互相参照，无疑增加了论证的客观性和真实性。

王国维的“二重证据法”是其治史经验的理论总结，后世治中国古史者，莫不奉为圭臬，影响甚为深远。这种新方法之所以在当时的学术界有如此巨大的影响与号召力，一方面固然与其凿破学术鸿沟、开阔治学视野有关，同时更与其身体力行取得令人信服的研究成绩有关。

关于“二重证据法”的丰富内涵，王国维只说出了其中的一个层面，即“纸上之材料”与“地下之材料”两重证据的互证。陈寅恪后来对其加以归纳和总结，概括为三个方面。陈氏的表述是这样的：其学术的内容及治学方法，殆可举三目以概括之者。一曰取地下之实物与地上之遗文互相释证。凡属于考古学及上古史之作，如《殷卜辞中所见先公先王考》及《鬼方昆夷玁狁考》等皆是也。二曰取异族之故书与吾国之旧籍互相补正。凡属于辽金元史事及边疆地理之作，如《萌古考》及《元朝秘史之主因亦儿坚考》等皆是也。三曰取外来之观念与固有之材料互相参证。凡属于文艺批评及小说戏曲之作，如《红楼梦评论》及《宋元戏曲考》《唐宋大曲考》等皆是也。

饶宗颐后来又提出“三重证据法”，即将王国维“地下之材料”分为无文字的实物和有文字的材料，其中地下的有文字材料即是“第三重证据”。饶宗颐的这项工作，显然是将王国维的“二重证据法”进一步细化了。

二重证据法的特色

二重证据法是中国近代史学研究领域中的一种比较先进的研究方法。其特点主要有三：

首先，它把考古学方法引入了史学研究领域。考古学的方法，以原始的实物为依据，以历史的遗存物为依据，较具可靠性、可信性，也较具科学性。把考古学的方法引入史学研究，实际上也就把考古成果引入了史学研究，将考古学与历史学结合起来，从而扩大了史学研究范围、史料范围，使研究者冲破从文献到文献的局限。从此，史学研究不再局限于历史文献材料，而是扩大到了历史实物研究。

其次，它推动了史学研究的科学化，增加了史学研究的科学性。历史遗留物往往具有原始性、无修饰性，因此考古的成果既可以检验前人的历史认识，也可以检验今人的历史认识，往往成为检验历史认识正确与否的标准。通过考古成果的检验，可以纠正人们片面的历史认识，也可以补充发展人们的正确的历史认识，还可以使一些历史悬案得以澄清，使一些长期被湮没的历史得以重现。研究甲骨文字，孙诒让、罗振玉都早于王国维，但把甲骨文研究引入史学研究，从而取得重大成就的则是王国维；开创甲骨文研究与史学研究结合的道路者，也是王国维。

最后，二重证据法是一种历史比较研究方法。以地下材料与纸上材料互证，就是将两种不同的材料进行比较研究，通过两者的异同研究，克服研究的狭隘性、片面性、主观性，从而得出比较正确的结论。王国维以地下材料与纸上材料互证，基本上局限于文字、人名、地名、器物、制度等属于微观的比较研究。其史学研究的特长，就是微观研究。

如果将二重证据法放在五四以后中国学术发展的大趋势中看，则能凸现其深远的历史意义和重要的学术价值。

五四以后的中国学术界，以顾颉刚为代表的疑古派极为流行，一时蔚为学术界的大宗和一代史学风气；致使当时人以发现某某古书属于伪造为一大乐事，津津乐道，竞相传告，学界许多人士也以“疑古”为殊荣。相较而言，以顾颉刚等人为代表的“古史辨派”，对于古史是“怀疑”和“破坏”有余而“建构”不足。

王国维“二重证据法”对于古史研究的意义，在于它立足的是“建构”历史，而不是盲目地“怀疑”和“破坏”历史。

20世纪20年代初，疑古风气在学术界盛行后，王国维的古史研究已取得了很大的成绩。他们存疑之处，正是王国维已经取得证明的学问。所以，王国维曾想作文对其偏颇加以纠正。从某种意义上看，他的《古史新证》及提出的二重证据法，可以说完成了这个理论任务。

王国维认为，勇于疑古与信古，都是不科学的。他抓住新发现的重要材料，希望利用它们，作出新的贡献。在王国维看来，先去大胆的假设是不能做的事。就研究的眼界说，古史辨的范围太局限于古史源头的辨证，王国维的历史眼光更广阔一些。他利用材料，希望推进历史研究的前进，因而利用广泛的文字学、考古学、音韵学等众多学科的学术成果的配合去研究历史。应该先看材料，不能先以疑古作为前提。这些正是王国维的史识。

王国维所提出的“二重证据法”，代表了中国古史研究的建设方向和途径，引导着一些同行和后学向此目标迈进。郭沫若、顾颉刚都非常敬仰王国维。王国维在清华的学生徐中舒、吴其昌、刘节等，均成为古史研究的大家。通过师徒传授、衣钵相传，王国维在中国学术界的影响绵绵延续，长久不衰。

兴亡原非一姓事

对蒙古史、元史、西北少数民族史的研究，是王国维以地下材料来印证纸上材料的科学实践，也是他在生命最后两年取得的巨大收获。

研究元史以及西北少数民族史、西北地理历史等问题，在晚清相当盛行。一批有见识的学者开始注意边疆之学，西北、东北甚至西南的地理、历史、民族的问题，包括历史沿革和现实矛盾，都纳入了研究视野。龚自珍参与修订《一统志》，撰写《蒙古图志》，研究西北边塞的部落、世系、风俗、山川形势、源流分合等，并撰有《西域置行省议》《北路安插议》《御试安边绥远疏》等政策性议论。徐松撰《哈萨克世次表》《布鲁特头人表》等，专门叙述西北民族历史。一时间，关于西北民族史和地理的研究著作不断出现。他们从蒙古民族史的研究，逐渐伸展到元朝历史的研究。

民族危机加剧，刺激了学者们研究边疆地理、民族史，其中包括西北地理和蒙古史。加之近代以来，西北民族史料不断有新的发现，文物出土日多，国外的有关资料也被介绍到中国，如洪钧的《元史译文证补》，便摘编了大量的西方资料，从而将中国的蒙元史研究很快推向了高潮。此时，甲骨文、简牍、唐写本、古青铜器、封泥等大量古物的出土，为研究西北边疆历史提供了大量材料，可以纠正过去不准确的记载，补足记载之不足，更可以比较完整地勾勒出边疆民族、地理等面貌。

就国际方面来说，中国民族史料不断有新发现，引起了越来越多世界汉学家的兴趣。如法国伯希和就出版了《蒙古与罗马教廷》《马可波罗诠注》《〈金帐汗国史〉评注》《〈圣武亲征录〉译注》，伯劳舍出版了《蒙古史概论》，格鲁塞出版了《草原帝国》，多桑出版了《蒙古史——从成吉思汗到跛者帖木儿》，引用了大量蒙古史原始资料，成为国际蒙元史领域的权威著作。国际学术界的研究动向，对于中国国内学术界有极大的推动作用。

王国维就是在这种国内外的学术大环境中，开始从事蒙元史研究并取得丰硕成果的。他对新发现的史料有极大的兴趣，对于补文献之缺的研究格外重视。这种求新意识，成为他进入蒙元史研究的直接学术起因。王国维对民族史的研究工作，早在避居日本京都时就开始了。

1915 年，由于研究金文的发现，他撰写了《鬼方昆夷玁狁考》《胡服考》，成为他西北民族史研究的开端。前者考订匈奴这个名称历代不同的变化，后者考订赵武灵王把游牧民族的服装引入中原，改变了中原汉族服饰的历史情况。

王国维回到上海定居后，在将主要精力放在甲骨文考释的同时，仍然对西北民族历史保持着很高的兴趣。他相继撰写了《西胡考》《续西胡考》，继续考察匈奴的历史，对匈奴流转西北地区的情况作了梳理，断定西域胡人就是匈奴。他还先后写了《元高丽纪事跋》《元代画塑记跋》《大元仓库记跋》《大元马政记又跋》《大元官制杂记跋》《元铜虎符跋》等，并刊在他主编的《学术丛编》上。

他撰写的《高昌宁朔将军麹斌造寺碑跋》《九姓回鹘可汗碑跋》《书虞道园高昌王世勋碑后》等文，从碑文、墓志铭文考证蒙古地区古代游牧部族突厥、回鹘族的历史。这些成果便是王国维研究西北民族史的开始，为他后来大规模研究蒙元史作了准备。

1925年春，王国维就聘清华国学院导师后，由于研究时间充裕，同时受到国际学术界研究蒙元史成果的推动，便将主要研究兴趣放在了蒙元史上。

1925年到1927年，王国维收集了大量蒙古族和元朝历史方面的资料，做了大量的考察工作，撰写了《耶律文正公年谱》《西辽都城虎思斡耳朵考》《元朝秘史地名索引》《月氏未西徙大夏时故地考》《蒙古刊李贺歌诗编跋》《蒙古源流跋》《元朝秘史注跋》《蒙文元朝秘史跋》《耶律文正公年谱余记》《蒙古史料校注四种》《长春真人西游记注序》《南宋人所传蒙古史料考》《元朝秘史之主因亦儿坚考》《金界壕考》《萌古考》《鞑靼考附鞑靼年表》《黑车子室韦考》《蒙古札记》等。

1926年7月，王国维的《蒙古史料校注四种》，作为清华国学研究院丛书第一种刊行。这是第一次以结集的形式，展示了王国维研究蒙古史、元史的成绩。

蒙元史研究的新贡献

王国维研究蒙元史的方法，是勤读宋、辽、金、元等汉文史籍，又参考钱大昕、徐松、张穆、何秋涛、洪钧、李文田、屠寄、丁谦、沈曾植、柯劭忞等学者的著作，还引用《蒙文元朝秘史》、拉施特《史集》《马可波罗行记》，以及对日本学者那珂通世等人的著作，对其进行详细的比较、校勘和证订，然后得出精湛的论断。

蒙古族的历史，不为人知的地方很多。蒙古族自身缺乏完整的文字记载，游牧生活也使这个民族的早期历史散落在草原大漠，汉人的史书又因语言翻译的不同，记述很粗糙。因此，20 世纪初期的学者们，对蒙古族这个民族自身发展的历史特别感兴趣。王国维的《鞑靼考》等文章，考察鞑靼这一个民族，在唐宋时期有重要社会影响，但民族名称却很少出现在史书中，《辽史》仅三见，《金史》竟然绝迹。

为什么会出现这种情况呢？王国维经过宋、辽、金各种史籍，以及《蒙古秘史》等史料的记载，又对当时游牧民族的活动范围给予考察，得出结论是：辽金时期被史书称为“阻卡”的游牧民族，就是唐宋史书上的鞑靼，不过是名称的变化而已。王国维还做了个《鞑靼年表》，把从 9 世纪下半叶到 13 世纪初期这三百多年间鞑靼的历史作了系统整理。他撰写的《鞑靼后考》及《黑车子室韦考》，对蒙古语族南室韦诸部之一黑车子室韦及其南迁的史事进行了研究，纠正了日本学者把一个游牧部落分为“黑车子”和“室韦”两个部落的错误，并考订出这个部落游牧迁移的路线对蒙古民族形成的影响。

《萌古考》是王国维在早年研究蒙古史时写成的《辽金时蒙古考》改写定的，主要对蒙古族诸部落在建元前的情况考察。他考定蒙古族发源地在今额尔古纳河下游及敖嫩河流域。他的这种看法，为大多数史家所公认。他进而论及汉语史籍中“蒙古”的各种不同译法，如萌古子、蒙古斯、蒙兀、萌古、蒙古里等，为后人整理中国古籍中的蒙古史料提供了重要线索。

王国维研究蒙古史，不仅注意这个民族自身的源流发展历史，而且关注这个民族生存的地理环境，并注意到这个民族的风俗习惯、宗教信仰、生活常态等方面，从广义的文化视野去考察民族史。

《蒙古札记》是王国维研读《元朝秘史》时随手札记的选本。他对烧饭、扫花、安答、赵官、常仁卿等篇中关于蒙古民族的风习，作了认真考释。他考释“烧饭”一词后指出，这是蒙古族的一种祭祀仪式，即是焚烧饮食及死者生前所用的车马衣物。这是契丹、女真族的风俗，汉魏时乌桓族和清初满族，也有相似的风俗。他认为，蒙语“扫花”是人情钱之意，即款待人、贿赂人，收买人情之意；他还指出蒙文“安答”是指交换信物结交的习俗。这些札记，往往发前人之所未发，纠正了前人的许多谬误。

《长春真人西游记》的作者李志常，是被成吉思汗封为长春真人的丘处机的弟子。1219 年，丘处机奉成吉思汗的旨意，去考察中亚一带情况。他从山东出发，经蒙古地区，一直到达中亚、阿富汗一带，直到 1224 年才返回燕京。这六个年头，一路所见社会、民族、地理、史实、生活、风俗等各方面，非常丰富，李志常都作了生动的记录。这部《长春真人西游记》是 13 世纪蒙古大帝国历史的实录，反映了蒙古族历史、成吉思汗西征的情况以及蒙古的宗教等，是研究蒙古史不可或缺的珍贵史料。

正因高度重视该书的史料价值，王国维前后花了一年时间，撰写了《长春真人西游记注》和序、跋。王国维先从《连绵第丛书》中抄出《长春真人西游记》全文，并大量参阅校勘宋、元、明、金的各种文集，及清末徐松、洪钧等人关于西北地理的著作，对《长春真人西游记》中的人物、地理、史实作出详细切实的注释。王氏对该书的考释，校勘精细，注释丰富，考据精辟，为研究者弄清蒙古人的生活习俗提供了便利。

关于蒙古游牧范围的史地资料，王国维尽可能收集并加以考察、校勘、注释，或以序跋进行品评。1925 年春，他从陶宗仪《游志续编》中抄出刘祁《北使记》，考证了其中六个部族的名称。他又从明刊《秋涧先生大全集》和《玉堂嘉话》中，抄出刘郁《西使记》，以四库本校之，略加注释。他还从《宋史》中抄出王延德《使高昌记》，加以校勘和注释。这三部书都是关于蒙古族历史，以及蒙古族生活的西北地理情况的重要典籍，而且是作者亲历亲见，具有很高的学术价值。

这三部典籍的校本，王国维只是作为自己研究的必要参考书，生前还没打算出版，因为他还未完成全部注释和考证。直到王国维去世后，才由他的学生赵万里收入《王国维先生全集》中，与杜环《经行记》放在一起作为《古行记校注四种》刊印。

元朝历史的研究是蒙古史研究的继续。一代天骄成吉思汗，是蒙古崛起的关键领袖，向为人们注意。但关于成吉思汗的历史，史书上记载不多。《皇元圣武亲征录》一书，记录成吉思汗事迹，弥足珍贵。王国维据明代《说郛》抄本，分别以天津、江南图书馆等旧抄本予以参校，把该校本加以注释，正其谬误，完成了《圣武亲征录校注》。此书对成吉思汗时代的地名、人名、官名、部族名以及经行的地理、时间，逐一作了考证，写入注释，使之成为一本可读可信的重要史料，元朝初期历史面貌也比较清晰地呈现出来。

元朝大臣耶律楚材，对元朝政治体制的建立，汉蒙两民族的文化融合，以及社会从战乱转为稳定等方面有重大贡献。王国维先后撰写《耶律文正公年谱》及《耶律文正公年谱余记》，不仅对耶律楚材一生有详细的记述，而且探讨到元朝立国后思想制度的重大转变，例如耶律楚材主张以儒治国、以佛治心之说，不把耕地尽改牧场的主张，减税选贤、与民休息的政策等等，都对元朝的建立和稳定起到积极作用。

王国维从考订蒙古史、元史的著名著作着手，以第一手材料为据，进行新的考证。蒙古史料由于语言不同、文化迥异常有不精确处，他均作出了精辟的考订，至今还有重要的理论价值。

王国维在蒙元史的研究中的很多问题，都有了突破性的进展。他虽然没有完成《元史考异》之类的大规模著作，但他进行的蒙元史料整理工作，他写出的蒙元史论著，仍对蒙元史研究作出了前所未有的贡献，仍被公认为近现代著名的蒙元史学者之一。后来的蒙元史研究者，往往都要从王国维的研究成果出发，研究新问题，开辟新领域。

按照王国维的设想，他在作出大量基础性考证工作后，要撰写一部补正、考异《元史》的大书。但遗憾的是，国内外政局的变化及自身性格上的缺陷，导致了这位学术大师之死。他倾注巨大心血的蒙元史研究正在开花结果期却夭折了，这实在是中国学术界的一大损失。

第 7 章

孤僻性情

喝大缸酒的“高阳酒徒”

“他的人很丑，小辫子，样子真难看。但光读他的诗和词，以为他是个风流才子呢!”将王国维推荐到清华研究院的胡适，有过这样的回忆。

对于王国维性情及形象，有人后来回忆说：王国维身材不很高大，面孔也瘦小。他常穿着当时通行的布袍子，罗缎短袖马褂。后面拖了一条短辫子。冬天他戴上一个瓜皮帽子，或者穿上羊皮袍子。但他没有比羊皮更高贵的皮衣。他的衣式不很时式，也不很古板，但很整洁。他的近视眼镜是新式的。他也会抽香烟。总之他的物质生活，是很随随便便，绝没有一点遗老或者名流的气味，他看去有点像旧式商店里的小伙计。

王国维的童年及家境比较贫寒，幼年时母亲凌夫人去世，父亲王乃誉常在外经商，他的生活主要由姐姐和祖母照顾，逐渐养成了孤僻忧郁的性格。这种忧郁的性情，伴随着王国维的一生。

1903 年留日因病回国后，王国维在清末状元实业家张謇创办的南通师范学堂教书。此时他没带家眷，整日吃在食堂，只有到放假期间，才回到浙江海宁与家人团聚。1904 年过春节前，他带着刚发的薪水，辞去了通州师范的教职，乘船经上海回乡。

为了分散风险，王国维把数额不少的薪水分放在几个袋子里。但当轮船抵达上海时，他随身携带的行李被窃。为了追索失窃的钱物，他在上海耽搁了近半个月。随后他的行李虽然找回来了，但钱财还是丢失了不少。

一贯办事细心的王国维沮丧地回到家乡，自责了很久。其父王乃誉不同于一般的老人，更关心儿子从通州带回的书籍、文稿，对丢钱之事并未责怪。听说被窃的钱物中有张謇写的条幅，已经索回来了，老人非常高兴。老人宽容的态度虽然给了王国维很大的安慰，但他仍然自责不已。从此，王国维更是冷眼看人生，不愿与生人打交道，与人相处格外谨慎，性格更加孤僻。

尽管王国维性情忧郁，但偶尔也有兴奋之际显露出传统文人们癫狂的一面。1907 年，罗振玉到北京任学部参事，王国维跟随到京。罗氏安排他在学部图书局工作，曾短期住在京南骡马市大街罗振玉的家中。每天晚上下班之后，王国维经常跑到宣武门外大街喝大酒缸。大酒缸是当时北京老百姓经常光顾的小酒馆，通常在门口放一只大约有桌子高的大缸，上面盖着木板，板上放着咸水毛豆、煮花生等下酒菜，靠里有一小块板可以掀起来盛酒。老百姓来喝酒，常常就站在缸前要一杯酒，以煮花生等小菜下酒，一饮而去。有些小店里也放上一两张木桌和几个条凳，就要点香肠之类的荤菜。因为大酒缸没有南方的绍兴黄酒，只有烈性的白酒，王国维又不胜酒力，往往喝上一杯半杯，就红着鼻子、红着眼睛而归。即便如此，王国维仍然愿意经常光顾，来寻觅其作为“高阳酒徒”的味道。

为溥仪与北大决裂

王国维的学术成就超越了他所处的那个时代，但是他的精神却仍然停留于晚清时代，对溥仪在紫禁城中的清朝小朝廷特别忠诚。与同是清朝过来的许多学者相比，王国维的精神世界相对守旧，无法适应民国成立后新时代的变化，堪称一位典型的“文化遗民”。真正能反映王国维对清廷忠诚及其固执性格的，是 1924 年 10 月他与北大的决裂事件。

事情的起因，是北大学子们闻知废帝溥仪准备盗卖故宫国宝给日本人后，立即撰写文章对此进行批评和揭露。北京大学考古学会发表《保存大宫山古迹宣言》，斥责清朝小朝廷将历代相传之古器据为已有，进行变卖。王国维原来也是一贯反对盗卖国宝的，北大学生的批评本该得到他的坚决支持才对。但出人意料的是，王国维却站在了北大学生的对立面，并引起了他本人与北大的正面冲突。

王国维读了北大方面发表的《宣言》后，十分震怒。他认为溥仪虽然已经退位，但按照约定，仍应像外国元首受到尊敬，而不应该受到公众的批评。北大学生对溥仪的批评，显然是十分不礼貌的，也是王国维无法接受的。

当时仍任职清朝南书房行走的王国维，抱着对清朝及废帝溥仪的一片忠心和感情，向北大方面提出抗议。他致函北大教授沈兼士、马衡说："优待条例载民国人民待大清皇帝以外国君子之礼，今《宣言》中指斥御名至于再三，不审世界何国对外国君主用此礼也!"强烈地表达了自己对"亡清"的哀怨之情和对北大师生的愤怒之意。为了表达自己的抗议，王国维以溥仪"侍从"的资格，在信中宣布：停止北大国学研究所研究生上门咨询，取消自己担任的北大国学研究所"通信导师"的名义，索回原来拟在北大《国学季刊》上刊登的学术论文。这样，王国维正式宣布了与北大国学研究所决裂。

如此尴尬的结局着实让人感到意外。从这件事情上可以看出，王国维的"遗老"情结还是很重的，他对清室是相当忠诚的，其个性也是相当固执的。

大清皇帝同学少年

王国维脑后边跟着一条辛亥革命后十六年之久却没有剪掉的辫子，这大概是王国维留给人的第一印象。在辛亥革命之前，无辫子是奇怪的，但民国以后，尤其是五四新文化运动以后脑后还拖着一条辫子，则被视为保守顽固的表现。

1917 年 7 月，张勋辫子军在北京拥立溥仪复辟时，上海人心稍有浮动，辫子成为拥戴前清皇帝的标徽。但复辟很快流产后，参与复辟的沈曾植等人从北京潜回上海，正拖着辫子在上海哈同花园编辑《学术丛刊》的王国维也有点恐慌。他担心自己的辫子会给他带来不必要的麻烦，便深居简出。恰值此时，日本学者小川来到上海，拜访王国维。

小川不理解王国维为什么终日足不出户、自我封闭起来。王国维回答：现在马路上常有当局派出的军警，拦住留辫子的就剪，还有不分青红皂白，要当作“复辟”余党来抓，所以不敢出门。小川指着王的辫子说，既然如此不便，何不剪去此“障碍物”？王国维默不作声。事后，他指责小川这番话着实可笑。

王国维最后的岁月是在水木清华度过的。他拖着辫子的背影，很容易让人想起五四时期在北大英文系当教授的辜鸿铭。1927 年自沉之前，王国维出入于清华校园，始终留着一条辫子。这样的现象在当时的清华学校是很罕见的。

王国维始终没有剪辫子，每天早晨洗漱完毕，他夫人就要给他梳头。一次，夫人给他洗头时唠叨：“人家的辫子全剪了，都到这个时候了，还留着这个东西做什么？”王国维则固执地回答：“正是因为已到这个时候了，我还剪它做什么？”直到王国维自沉，跟了他半个世纪的辫子也随着他一起入葬了。

在清华园，王国维的穿着非常简单。冬天一袭长袍，外罩灰色或深蓝色罩衫，系一条黑色汗巾式腰带，再穿上黑马褂，夏天只穿一件丝绸或夏布的长衫。平常只穿布鞋，从未穿过皮鞋，头上是一顶瓜皮小帽，即便寒冷的日子也不带皮帽或绒线帽。

陈寅恪与王国维、梁启超、赵元任等人并称清华国学院的四大导师。他很爱做对子。一天，他对学生说：“我有个联送给你们：南海圣人再传弟子，大清皇帝同学少年。”大家哄堂大笑。康有为号南海圣人，是梁启超老师，故清华国学院学生是“再传弟子”；王国维当过逊清廷南书房行走，是溥仪老师，故清华国学院学生也是皇帝的“同学少年”。

王国维的外表总是严肃冷峻的。赵元任的太太杨步伟对他颇有些害怕。杨步伟是个直爽的大嗓门，但见了王国维却总是噤不出声。王国维五十寿诞时，清华大学的同事办了三桌酒席祝寿，赵太太硬是避让着不与王国维同桌：“不！不！我不跟王先生一桌。”果然，王国维这席一直都是默默不语，而赵太太那桌却笑语不绝。

爱吃甜食和红烧肉

在清华园住所，王国维的卧室中有一个朱红色的大柜子，上面两层专放零食。他儿子六十年后还记得，打开柜门，琳琅满目，如同是一家小型糖果店，从胶切糖、小桃片、云片糕、酥糖等苏式茶点，到红枣、蜜枣、茯苓饼、核桃、松子等，应有尽有。

他夫人潘氏每个月都要从清华园进城，采购零食和日用品，回来必是满满一洋车。那些精致的点心，就是专门为他准备的。王国维每天午饭后点根烟，喝杯茶，就算是休息，然后进书房工作。过上几个小时，他就会到卧室的柜子里找零食吃。

王国维爱吃红烧肉，不过必须是他夫人做的。大白菜、西红柿、茄子、鸡蛋也常吃，还爱吃豆腐、豆干、百叶等豆制品，饺子、烧饼、包子等也爱吃。他除了炖鸡之外，不大煮汤。但奇怪的是，这位生于江南的大学者，却很少吃鱼。这或许由于在北京不容易买得到新鲜的鱼的缘故吧。

王国维爱吃的水果并不多，西瓜、橘子、柿子、葡萄经常吃一点。但他夏天从来不吃香瓜，也固执地严禁自己的孩子们吃，认为这东西不好消化。

王国维平时最爱去的地方是琉璃厂，古玩只是看看，主要是买旧书。有一次，他笑容满面地回家后，如获至宝地打开包裹，里面是一本书。他说，自己要的不是这本书，只是夹在书里的一页旧书。

那个时代，学问大的教授一定有着高如城墙、环绕家中的书柜。而王国维的藏书，实在少得可怜，据说一个柜子足以放下。王国维在甲骨文领域的研究，被认为是当时世界首屈一指的水平，但王国维的家中却没有半块甲骨。对王国维而言，自己家庭的温饱都成问题，更无法奢望来搞点收藏了，甲骨文实在是太昂贵了。他所看到的甲骨，多是罗振玉收藏的。王国维仅有的这点书，并不是整整齐齐地堆在书架上，而是散乱地到处摊着。他书房桌子的每一只角里、茶几上、椅子上、床上，甚至于地上，都摊着翻开的书。只有等他把正在起草的一篇文章写完了，他才肯把摊着的书整理一下。但到下一篇文章将要动笔之前，书又很快随处摊满了。

老实得像条火腿

即使不了解王国维的性情，许多人也熟知鲁迅先生关于王国维的那一句名言："老实得像一条火腿一样。"

说王国维老实得像火腿，大概是取火腿的朴实、沉默、落寞的特点。王国维的"老实"似乎是天赋异禀，他父亲王乃誉做过官府幕僚，后又外出经商，对见风使舵、鉴毛辨色这一套了然于心，但王国维却一点也没有继承，从小就书呆子气十足。王国维写的第一篇学术论文，便是批驳当时如日中天的学术权威俞樾的《群经平义》。王乃誉看了这篇论文后，对自己儿子性格的评价是：太率直，既自是又责备人，自尊太过。王国维的这种“老实”，确切地说，是读书人特有的那种认真、执拗和迂阔，几乎到了不近人情的地步。

王国维做了北大的通信导师后，北大方面邀请王国维到校参观，并预先布置好夹道欢迎以示隆重。王国维听说后一口回绝了。他的理由是：欢迎者有各式人等，中间免不了有道不相同话不投机者，我不能接受他们的欢迎。北大方面知道王氏误解了他们的诚意，只好一笑了之，把欢迎仪式改成了有共同研究兴趣的教授与王国维的茶话会。

王国维与人交往，除了谈学问或正事，很少闲聊，更不会对人讲应酬话。如果有人请他看一件古铜器，他看后若说是假的，就会说“靠不住的”——这是假的。请他看的人当然会觉得很没面子，就说这个古器色泽如何古雅，清绿得如何莹澈，文字如何精致，什么书上有类似的著录，并将这些资料提供给他作参考，再请他仔细看一下。他看了以后，依然是淡淡的一句：“靠不住的。”他既不附和人，也不与人驳难。

王国维在清华国学院给学生讲课很不生动，操着一口一辈子改不了的南方口音，说话甚至吞吞吐吐。据他的学生回忆，王国维讲课时总是凭着自己思路讲，很少考虑学生能否听懂。学生虽然不爱听他讲课，但是却喜欢在办公室内与他交流，因为他学识广博，与他谈论问题，往往能给自己带来很多学术灵感。

王国维晚年任教清华国学研究院时，特别教育自己的学生要做到“六不”主义：不放言高论，不攻击古人，不议论他人短长，不吹嘘，不夸渊博，不抄袭他人言论。王氏所提倡“六不”主义，到现在仍然有着永恒的价值。

讷于言而敏于行，这大概就是王国维式的“老实”吧。

长子潜明之死

自王国维初到上海结识罗振玉，便处处跟随他，深受罗氏影响。罗办杂志，王国维便替他做编辑和翻译；罗奉调到北京，任职学部，王国维也随之赴京，在罗身边任职；辛亥革命后，罗携家眷去日本，王国维也举家搬到日本；后罗振玉定居天津，奉旨入值南斋，王国维以“南书房行走”名义，帮罗整理皇宫内府的文物书籍。由此可见，罗、王两人关系之密切。甚至连王国维在辛亥以后学术的兴趣和研究重心的转移，也与罗振玉的劝导和帮助有关。王国维从哲学、文学转向甲骨文、边疆史地、敦煌学，除了自身的原因外，与罗振玉掌握大量的新发现材料，而他又帮助罗整理考证有关。

对于这种带有依附色彩的关系，王国维有一种报恩思想，同时也感到屈辱，总觉得是“为生活故而治他人事”。尽管罗、王两家后来有了姻亲关系，但王国维内心之不平衡依旧存在，潜在地影响着罗、王关系。

这对儿女亲家，竟然在 1925 年 9 月之后发生了极大矛盾。罗振玉甚至说出了绝交的言语，起因便是王国维长子潜明之死。

王国维长子王潜明乃前妻莫氏所生，娶罗振玉三女罗孝纯。他是一个有主见，且独立之人。他原寄居岳父家中，但是他不听劝告，执意迁出了罗宅，过起了独立的小家庭生活。孝纯与潜明完婚八载，先后生有二女，王国维十分喜爱。不幸的是，两位宝贝孙女均已在 1924 年夭亡。

1926 年 9 月 26 日，由于“中西两医并误”，王国维的大儿子王潜明患伤寒终告不治，病逝于上海，年仅二十七岁。王潜明之生母莫氏病殁后，王潜明对继母潘氏不甚服帖，他妻子罗孝纯与婆婆也多有龃龉，王国维平日只顾读书写作，对家事很少留心，身居其间，调解乏术，从而使婆媳之间产生隔阂，并最后导致了罗王两家反目。

罗振玉一向视孝纯为掌上明珠，听说爱女在王家受了委屈，心中老大不快，他认为婆媳之所以不和，是因王国维偏袒潘氏，遂使继室养成雌威。对于罗氏这种指责，王国维隐忍缄默，未置一辩。

此外，王国维从日本回国后，赁居上海石库门一所凶宅，风水不好，别人在意，他却不在意。他北上应聘清华讲席，仍让新婚的长子长媳住在这座宅子中。儿子暴疾而死，令罗振玉非常恼怒，他认为这个责任应该由王国维来负。故待到王潜明的丧事完毕，他即负气携女儿从上海返回天津，有意给王国维一点难堪。

自己心爱的长子英年病逝，给将届五十之年的王国维及其一家带来的巨大悲痛，是难以用言语表述的。罗、王两家在处理王潜明后事过程中，发生了一些误会，不仅激化了所谓婆媳家庭矛盾，还致使罗、王两亲家为潜明遗款的收存问题，打起了笔墨官司，最后导致了王国维与罗振玉“三十年金石之交”破裂！

金石之交破裂

从王国维这方面来看，当“误会”发生之初，眼见罗振玉带着爱女孝纯先行返津，虽甚为难堪，甚至可以说是雪上加霜，但仍认为只是一种暂时现象。所以，他在妥善处理潜明丧事的同时，又尽其所能为安排好长媳未来的生活，办了两件事。

首先是立嗣。由于潜明无后，决定将次子高明的长子庆端过继。其次是恤寡，办理潜明的海关恤金等遗款。当时，王潜明在海关工作，死后有恤金等遗款，于是便委托在沪的老友金颂清，通过银行将款全数汇至天津罗家。王国维返京以后，又派了男仆冯友专程赴津，将从上海运回的潜明夫妇的家具送至罗宅。随即致信罗氏，以自责的口吻恳切陈词："维以不德，天降鞠凶，遂有上月之变。于维为冢子，于公为爱婿。哀死宁生，父母之心彼此所同。"信中还提到，此次北上旅费，数月后再当奉还。

然而，冯友从天津返回时，带来了罗氏的拒款信。他在拒款信中说：小女屡次声明不用一钱，义不可更强，汇条暂存敝处，千万请公处置。王国维赶紧再发一信，恳切罗氏劝其女收回成命，认为这是"无理"之举。他在信中以长辈的身份不客气地批评了长媳，并对罗说："试问亡男之款不归令爱，又当谁归？仍请公以正理谕之。我辈皆老，而令爱来日方长，正须储此款以作预备，此即海关发此款之本意，此中外古今人心所同，恐质之路人无不以此为然者也。"

因为罗氏在潜明医疗问题上曾指责过女儿"偏执"，所以王国维在潜明遗款的问题上，也以长辈的身份不客气地批评了长媳"无理"，并请罗氏喻以"正理"。孰料，罗氏非唯不"喻"，反过来还予以袒护。

罗氏立即回了一封火上浇油的信函："两次来谕，遵示小女，而小女信誓不渝，未可再强之，此亦所谓匹夫匹妇之患，圣人之所许也。既尊示以北京非安稳之池，弟当代存此间兴业，但存款须有印鉴，请将公号印寄下，至存放以后，存据当专人送京，京地虽主变，此一纸随时可携身畔也。弟边来于家事亦渐图卸肩，小女在此，以帮书之资一部分给之，不至饥寒，其昆季尚非甚谅薄者，日后当不至休戚不相顾也。”罗氏在此信中每句话，无不针对着王国维此前数信而发，是显而易见的意气之词。

王国维在处理潜明遗款的问题上，仍取忍让的态度，再度复信请罗氏以“令爱之名”存放，如罗女执意不从也可以潜明生前别号名义存放。他还从道德、法律两方面申以大义。他说：“此款在道理、法律，当然是令爱之物，不容有他种议论。亡儿与令爱结婚，已逾八年，其间恩，未尝不笃，即令不满于舅姑，当无不满于其所天之理，何以于其这款如此之拒绝？若云退让，则正让所不当让；以当受者而不受，又何以处不当受者？是蔑视他人人格也。蔑视他人人格，于自己人格亦复有损。总之，此事于情理皆说不过去，求公再以大义谕之。”

王国维此信实际上是批驳罗氏来信偏袒爱女的所谓“大义”，并将是否收受遗款上升到“蔑视他人人格”的高度，认为负气推让而蔑视对方，是“圣人”所不许的。

如果寻常百姓，所谓“争吵无好话”，无非说些气话、过头话，一时伤了感情，罗、王则不同。他们两位皆饱读经书，是经纶满腹的学者，一旦争起来，就不同寻常了。罗氏敏锐地觉察到，王国维来信中自称“我辈皆老”，这不是由女及父，在批评他做父亲的不是吗？尤其是信中十分严正地讲到“蔑视他人人格”，实际上是批评他父女俩有悖“圣人之教”。面对这样严厉的批评，他岂能不火冒三丈！罗氏当即复信，表明自己稍读圣贤之书，反责王国维的当受、不当受之说，是背离了古人“取与之义”，讥斥王国维“轻礼重财”。

两人书信往来，话里有话，争执不已。这期间，罗、王来往书信的落款时间，大致是三天一信，六天一往返，由龃龉而交绝，共历时二十天。王国维虽珍惜旧谊，但罗振玉却是咄咄逼人，直至最后一信，说自己发断交信“殊非我心所欲”，指责王国维“来书严峻”。

罗振玉的侄子罗守巽晚年说：先伯父（罗振玉）性子急，脾气大，待人处事欠冷静。两亲家晚年失和，同他的这个“脾气”有很大关系。

罗氏在写给王国维的断交信中，将彼此三十年挚友之交，来了个兜底翻。他自比“博爱”的墨家，而将王国维归于“自爱”的杨朱。至此，罗氏的信函，已超出两亲家儿女情、家务事的争执，成为宣告挚友义尽交断的绝交书。

事后冷静下来，尤其在仅隔半年以后，罗氏接到亲家去世的噩耗，赴京为之经纪丧事，又在津为之刊印遗著，看来是痛感了这一点的。所以，罗振玉晚年追忆往事时，对孙儿辈们说：静安以一死报知己，我负静安，静安不负我。

可惜，悔之晚矣！

误会究竟在哪里

尽管罗振玉晚年对三十年金石之交的破裂极为懊悔，但后人不能不追问：当初罗、王之间所谓误会，究竟由何而起的？

罗继祖是罗振玉的长孙，那时已十四五岁。据他说，姑母（即罗孝纯）婚后与潜明的继母潘氏夫人关系处得不好，中间又受到仆妇们的挑拨，以致婆媳“感情冷淡”。王潜明病亡，王国维夫妇到上海主丧；罗氏“疼女心切”，也赴沪探视，两亲家因而发生争执，事情越闹越僵。

他是这样追述罗、王争执经过的：潘夫人处置善后偶尔失当，姑母泣诉于祖父，祖父迁怒于王先生，怪他偏听妇言，一怒而携姑母大归。……三十年夙交感情突然破裂，原因是祖父脾气褊急，平日治家事事独断，而王先生性格却相反，平日理头治学，几于不过问家政，一切委之阃内。……事情闹僵，又没有人从中转圜，以至京津虽密迩，竟至避面，直到王先生逝世。这是出于罗氏后人的申述，难免有一面之词的嫌疑。那么，王氏后人又是如何看待罗、王交恶呢？

王国维的女儿王东明不同意说她母亲潘氏夫人处理善后失当，认为这是没有根据的“臆断之辞”。她认为因潜明丧事而罗王误会以致绝交，是一种偶发事件。

王东明回忆当时情景说：“父亲最爱大哥，大哥病逝，给父亲很深的打击，已是郁郁难欢，而罗振玉先生又不声不响地偷偷把大嫂带回娘家，父亲怒道：‘难道我连媳妇都养不起？’然后把大哥生病时的医药花费全汇去罗家，他们寄回来，父亲又寄去，如此往复两回，父亲生气得不言语，只见他从书房抱出一沓信件，撕了再点火焚烧。我走近去看，见信纸上款写着：观堂亲家友（有）道……”

罗氏的那封“绝交书”和其他一些信件被完整地保存下来。王东明读到“绝交书”后，感慨万分地说：“任何一句，无不伤人自尊，不是常人所能忍受的。”以王国维的个性，是难以忍受的。

罗、王交恶，表面上看起因于潜明“遗款”问题，却非出“一时之误会”，乃是由于心中早有不满。在此之前，至少有两件事情颇使罗氏耿耿于怀。

一是1923年5月，王国维入小朝廷不久，书告罗氏：自己的《观堂集林》已在沪装订，打算将其中的精印本"进呈"溥仪。罗亦趁此将他自己的《殷虚书契前后编》及《考释》从天津寄到北京，请王托书店做了黄绫套代为奏呈。这使初入南书房的王国维颇感为难。因为他知道罗与小朝廷内郑孝胥等人有矛盾，便复信表示：为避嫌，拟待数月以后再办。罗因此很生气，当即回信，要王不必做书套代呈了，将原书交人带回天津。

二是潜明在天津海关工作时，小两口皆暂住罗宅，故王国维常去天津看望，而两亲家见面的话题则是溥仪及小朝廷内的人事纷争。罗振玉及推荐王氏入"南书房"的升允以老派自居，要联名上奏折参劾以郑孝胥为首的新派，让王氏代呈。王国维回京以后，却听到了自己的老朋友金梁及溥仪的岳父荣源对升、罗二人"结党"的议论。他既怕罗氏知道了引起"盛怒"，又怕亲家因而受到中伤，故写信婉言劝罗改"奏"为"函"，建议不必向"皇上"呈奏折，可直接致信荣源，较为妥帖。这本出于好意，罗氏却很不高兴。

这两件事情，已经导致罗、王之间产生了矛盾。而王潜明去世后，罗孝纯与王国维的继室潘氏之间的矛盾也日益激化。这样一来，罗振玉在王潜明的抚恤金问题上，便与王国维产生了更大分歧，最终导致罗、王两人"三十年金石之交"的破裂。

最深爱的长子潜明英年早逝，对王国维是一重大打击；与自己三十多年的好友、亲家罗振玉又断然绝交了，王国维伤心之至。

多重的精神打击，与动荡时局下的恐惧，逼迫着王国维走向了昆明湖。

第 8 章

大师之死

枪毙叶德辉引起的惶恐

1926 年 7 月 1 日，广东革命政府发出“北伐宣言”，9 日，国民革命军正式出师北伐。国民革命军占有两湖后，中国共产党在湖南发起了农民运动，著名学者叶德辉在农民运动中被清算和杀死，引起了王国维的恐慌。

叶德辉，湖南人，前清进士，曾任吏部主事，后辞归家乡。他是晚清著名的目录学家，学问渊博，但政治态度顽固，从戊戌变法、辛亥革命到北伐战争，一直都是地方封建顽固势力的代言人。

当北伐军到长沙时，叶德辉打算远走日本，名为讲学，实为避祸。后来他得知革命军中不少是自己的门生故旧，所以就放弃了原来的出国计划。但当工农运动蓬勃开展并进入高潮时，这个曾经自诩“同民众没有恶感”的人，却对工农群众进行大肆攻击。在他起草致段祺瑞、张作霖、吴佩孚、蒋介石等人所谓农民协会十大罪状的电文被扣压后，他又写了一副意在谩骂农运的对联：

农运宏开，稻粱菽麦黍稷，杂种上市；

会场扩大，马牛羊鸡犬豕，六畜成群。

此外，叶德辉还说农民运动骨干是“不文不武、无大无小、无上无下、不人不鬼”等。这些言论，自然引起了湖南军政府及广大农民群众的愤慨。

1927 年 4 月 10 日夜，叶德辉被抓获。14 日上午，湖南各界在长沙举行数万人参加的公审大会，叶德辉被特别法庭公审判处并执行死刑。

叶德辉的被杀，在全国学术界引起了很大的震动，也对王国维的心理产生了较大影响。顾颉刚后来说：“湖南政府把叶德辉枪毙，浙江政府把章炳麟家产籍没，在我们看来，觉得他们罪有应得，并不诧异，但是这种事情或者深深地刺中了静安先生的心，以为党军既敢用这样的辣手对付学者，他们到了北京也会把他如法炮制，办他一个‘复辟派’的罪名的。与其那时受辱，不如趁党军尚未来时，索性做了清室的忠臣，到清室的花园里死了，倒落一个千载流芳。”

此时，王国维任教的清华校园失去往日宁静。他的故交罗振玉已携眷东渡，好朋友梁启超也正在津门养病。生性孤僻的王国维与他人少有交往，唯与清华研究院主任吴宓过从颇密。

王国维得悉叶德辉被杀的消息后，的确在清华学生面前露出了极大不安。容庚回忆说：王国维在自沉之前，曾专门拜访过容庚一次。王国维谈到了叶德辉被杀一事，并深表忧郁。这时王国维是垂着长辫的。他说：“共军来，不畏枪杀，而畏剪辫也。”容庚没有别的话来劝慰他，只说，即使共产党来了，也不至于这样的吧。

1927年的四五月间，国民革命军在攻下徐州，冯玉祥引兵出潼关大败张作霖的奉军，进抵郑州。黄河南岸已经全部被国民革命军所占领，华北顿呈旦夕不保之势。随着北伐军的日渐临近，作为古都的北京陷入一片混乱之中。

5月11日，梁启超在给孩子的信中，提到了对时局的恐惧："北京局面现在当可苟安，但隐忧四伏，最多也不过保持年把命运罢了。将来破绽的导火线，发自何方，现在尚看不出。大概内边是金融最危险，外边是蒙古边境最危险。南方党军已到潮落的时候，其力不能侵北，却是共产党的毒菌在社会传播已深，全国只有一天一天趋到混乱，举国中无一可以戡定大难之人，真是不了……再过两礼拜，我便离开学校，仍到北戴河去，你们来信寄天津或北戴河便得。"

梁启超在另一封信中也流露出自己的恐慌："本拟从容到暑假时乃离校，这两天北方局势骤变，昨今两日连接城里电话，催促急行，乃仓皇而遁，可笑之至。好在校阅成绩恰已完功，本年学课总算全始全终，良心上十分过得去。今日一面点检行李，下午急急带着老白鼻往坟上看一趟，整夜不睡，点着蜡结束校中功课及其他杂事，明日入城，后日早车往津……津租界或尚勉强可住，出去数日看情形如何，再定行止，不得已或避地日本，大约不消如此。"

比王国维更具社会声望和活动能力的梁启超尚且如此"恐惧"，那么，老实得不能再老实的王国维，又怎能不更加恐惧呢！

偏在此时，有人恶作剧地在北京《世界日报》上戏拟了一份北伐军入城之后要处理的一批人的名单，其中就赫然有王国维的名字！而竟不知是谁，将这份报纸送给王国维看过了！

此时，清华国学研究院的学生卫聚贤正好要回山西省亲，临行前向王国维辞别。王国维向卫聚贤询问：何处可以避难？卫答：山西省可以，阎锡山又善变，国内几次大变动，他都避免过了！王国维问：我去了生活费如何维持？卫答：我们几位朋友，办了一间兴贤大学，王先生在那里教书，月薪只能给一百元，居住在山西省风景区晋祠，距学校三十里，洋车两点钟可拉得到，那里，学校的校长有洋房可住，每月来校上课一次。王国维说：我的书不够。卫说：山西省图书馆有书，私人也有藏书，都可以借。

6 月 1 日，清华师生举行告别宴会。梁启超在宴会将要结束的时候，站起身来向大家致辞，历述国学研究院诸位同学所取得的优异成绩后，满意地说："吾院苟继续努力，必成国学重镇无疑。"大家静静地听着，王国维听后也频频点头。梁启超随即又说："党军已到郑州，我要赶到天津去，以后我们几时见面，就很难说了！"梁启超说完，大家都相惊失色。

王国维认为梁启超的消息是最为灵通的，由梁启超口中说出革命军就要到北京了，这个消息是不会错的。惶恐中的王国维再次问卫聚贤："山西怎样？"卫答："山西很好。"

当晚，柏生与谢国桢前去王国维的住宅，向他询问阴阳五行的起源问题，并论到某位日本学者在研究干支时的得失。在谈话的间隙，涉及时局，王国维说："闻冯玉祥将入京，张作霖率兵总退却，保山海关以东地，北京日内有大变。"他呈现出黯然的神色，向他们表达了避乱移居的想法。

此时，清华研究院的学生何士骥从城中赶来，带了北京大学沈兼士、马衡的口信，劝王国维入城，住到他们的家，北京大学的同人们可以保护他，并特意提出要请王国维将头上的辫子剪去。研究院的学生们也劝王国维进城暂避，但是王国维却说："我自有办法。"看来，王国维的死意已决。

从容自沉昆明湖

1927年6月2日，王国维像往常一样，吃完早饭便去了清华国学研究院。他先记起自己忘了把学生们的成绩册带到办公室，于是就让研究院的工友去家中取。此后，他遇到研究院办公室秘书侯厚培，便与侯氏聊起下学期招生安排的话题，并谈了许多自己的设想和建议，过了许久才与侯分手。临别时，王国维向侯厚培提出借三元大洋，但侯厚培正好未带现洋，只能借给他五元钱一张的纸币。王国维从没有带钱的习惯，这是众所周知的，所以大家对此并不以为怪，也就没有人询问他干什么去。

王国维拿了钱走出校门，叫了一辆由清华大学组织编号为35的人力车，径直要车夫将他拉往离清华园不远的颐和园。到颐和园时，大约是上午10点。王国维给了车钱，并嘱车夫在园门口等候，便径直走进颐和园。

初夏时节，颐和园青山绿水，郁郁葱葱。因临近中午，园内游人稀少。王国维来到排云殿西面的鱼藻轩驻足许久。他点燃一支纸烟，慢慢地抽完后掐灭了烟头，便从鱼藻轩的石阶上猛然纵身跃入湖中，此时大约11点。当时有一位园工距王国维投水处不远，听到落水声后，急忙跑来解救，捞出来后约一两分钟的时间，王国维就断气了。

尽管鱼藻轩前的湖水才深不过二尺，但是湖底满是松软的淤泥。王国维自沉时头先入水，以致口鼻都被泥土塞住，闻声而来的园工们又不懂急救之法，实际上王国维最终因窒息而死。当园工们将王国维从水中救出时，他的内衣还未湿透。正值学术生涯巅峰之际的一代国学大师，就这样匆匆离去，享年五十一岁。

时至中午，王国维雇佣的那辆人力车仍等在颐和园外。下午两时许，家人等他吃饭却久久不见人归，就去学校询问。于是侯厚培到校门口问车夫们，得知载过王国维的那辆车去了颐和园，还没有返回。侯厚培立即骑上自行车，前往颐和园找人。此前，王国维的儿子贞明在校门口已打听到情况，赶去颐和园，并于中途遇上那个送他父亲去颐和园的车夫，此时车夫的车上坐着警察，他们正要去学校禀报。因为车夫在颐和园外等候王国维直至下午 3 点，听说园内有人投水，进园一看，死者正是他要等的王国维。等王贞明到了圆明园，证实死者就是他父亲，已是下午 4 点钟了。

当天的下午，国学研究院的同学中已经隐约有王国维失踪的消息，但没有人往别处想，只认为他可能去避难了。到了傍晚，浙江同学会欢送毕业同学，他们请了王国维，因为平时他就不大愿意参加校里的交际宴会，即使不来，也不会引起别人的任何怀疑。当宴会将散的时候，有一个人进来将曹云祥请到外面私语。过了一会儿，曹云祥返身进来，向众人宣布说："顷闻同乡王静安先生自沉颐和园昆明湖，盖先生与清室关系甚深也。"听到这样的话，没有人不大惊失色的。柏生和吴其昌立即奔出宴会厅四处去打探消息，途中遇到赵万里。在赵万里这里，他们证实了王国维的死讯，不由失声恸哭。

此时，校里几乎所有的人都已经知道了王国维的死讯。经过紧急商讨，校长曹云祥、教务长梅贻琦亲自带队，二十余名教职员和学生分乘两辆汽车赶赴颐和园，其中有王国维的好友陈寅恪教授和吴宓教授。当时，由于北京的政治气氛较为紧张，负责颐和园戒严的守兵不许师生进入，经过反复交涉后才容许校长和教务长等少数几人入内。由于尸体未经检验，学校当夜不能将王国维的遗体运回，于是众人回到清华大学后便组成了治丧委员会，商定第二天办理丧事。

国学研究院的同学们来到王家，连夜帮潘氏夫人布置灵堂，并给在天津的罗振玉发了一封电报："师今晨在颐和园自沉，乞请代奏。"这里所谓的"代奏"，即为转告在天津张园里的溥仪。

6 月 3 日下午 1 点钟，清华园教职员工、学生及王国维家属众多人齐赴颐和园。这时王国维的遗体仍停放在鱼藻轩亭内，上面覆盖了一张破旧的芦席，席角压了四块砖，景象煞为凄惨。众人的脸上无不呈现惨淡的神色，默然许久，才让园丁将席子掀开，再看一看王国维的遗容。当园丁将席子打开的一瞬间，人们再也控制不住自己的情绪，立刻哭声大作。这时的王国维已经死了二十多个小时了，脸呈紫胀，四肢蜷曲，匍匐于地上，其状惨不忍睹。

此时，王国维的家属和校中的办事人员已经全部来齐，其中包括陈寅恪、吴宓、梅贻琦、梁漱溟、陈达，北京大学的马衡，燕京大学的容庚等人都来了，只是检查官迟迟未到。下午 4 点多，法官才领着检验人员来到现场，略作查问后，就开始对尸体进行检验，大家围在一旁。

家人和检查官从王国维的衣袋中，寻出一封遗书和剩下的四元四角钱。这是一份布满昆明湖水渍的绝笔，16 开白纸写成，用墨良好，因此字迹依然清晰。从墨迹的浸染，还可推知入封时的叠法。据当时人们的回忆记载，遗书发现于内衣袋中，外有封，封面上书写着："送西院十八号王贞明先生收"。王贞明为王国维三子，是当时在京最年长的儿子，最后落款时间和签名是："五月初二，父字。"

很显然，这封遗书是王国维在死前一天就写下的，临行前装在自己的衣袋内，其内容条理清晰，考虑周密，足见王国维早有此意，绝非仓促寻死。

王国维遗书的内容为：五十之年，只欠一死。经此世变，义无再辱。我死后当草草棺殓，即行藁葬于清华茔地。汝等不能南归，亦可暂移城内居住。汝兄亦不必奔丧。因道路不通，渠又不曾出门故也。书籍可托陈、吴二先生处理。家人自有人料理，必不至于不能南归。我虽无财产分文遗汝等，然苟能谨慎勤俭，亦不必至饿死也。

念完遗书，就将遗体移放在一个绷布架上，由同学们扶护着，抬至颐和园西北角门外旧内廷太监下处三间小屋中，以前清冠服入殓。当晚 7 点，王国维的灵柩被送到清华园南部的刚秉庙停灵。

这一天到场送行者，除王国维家属和清华研究院学生外，还有清华教授吴宓、陈寅恪、梅贻琦、陈达，北京大学的马衡教授，燕京大学的容庚教授以及梁漱溟等人。面对王国维的遗体，陈寅恪行旧式的跪拜礼，吴宓及研究院的同学们也纷纷效仿。

自沉之举惊宇内

王国维的自杀，引起了巨大的社会反响，一方面，已被冯玉祥赶到天津的逊帝溥仪下诏封王国维为忠悫公；而海内外学术界也纷纷举行纪念活动，仅出版的纪念专号就有四辑，与前一年另一位学界巨子俞樾离世时的寥落形成了鲜明的对比。

6 月 16 日，旅京同乡旧友在北京南城下斜街全浙会馆举行王国维悼祭大会，坛中置王国维遗照，并陈遗嘱。王氏亲属列于左右，四壁挂满了挽联。

梁启超在挽联中特别推崇王国维的学术研究，尤其提到了他在甲骨文研究中所作出的突出成就："其学以通方知类为宗，不仅考字译鞮，创通龟契；一死明行己有耻之义，莫将凡情恩怨，猜拟鹓雏。"

陈寅恪的挽联为："十七年家国久销魂，犹余剩水残山，留与累臣供一死；五千卷牙签新手触，待检玄文奇字，谬承遗命倍伤神。"

吴宓则在挽联中表达了自己对王国维自沉的看法："离宫犹是前朝，主辱臣忧，汨罗异代沉屈子；浩劫正逢此日，人亡国瘁，海宇同声哭郑君。"

学生姚名达的挽联是："绝学不传，师胡早死；群嚣未息，吾欲无言。"

学生王力赋诗云：海内大师谁称首？海内王公驰名久。一自童时哭亡父，十年忍泪为公流。

这次悼祭会所收到的数百幅哀挽词联，尽诉了人们对王国维的悼念和惋惜之情。在吊客中还有逊清皇帝溥仪派来的使者，也有前清的遗老。新旧学者、教授、官吏，及日本和欧洲的友人，可谓极一时之盛。此外，北京的《国学月报》《国学论丛》，天津《大公报》及各地报刊，还先后刊出《王静安先生专号》《王静安先生纪念号》等专辑，以示纪念。

7 月 17 日，王国维在清华园东二里七间房之原下葬。这一天，天下着雨，道路泥泞。送葬的有清华校长以下数十人，研究院的同学绝大部分已经离校，因此只有何士骥、姜寅清（亮夫）、王力、毕相辉、柏生等数人前去送行。王国维的墓地在麦陇中的稍高处，圹深六七尺，宽只有三四尺，长约丈余，棺材放入穴中后，上面盖了石板，然后填土成坟。一代学术大师，永远长眠于地下了。

一代大师的自沉之举震惊了清华园，更震动了学术界，人们无不为失去这样一位卓有建树的国学大师而感到痛惜。

王国维自尽的当日，梁启超已离开了清华大学，得到噩耗后又奔回清华，亲自参与料理其后事，并为王国维抚恤金一事向学校、外交部力争。他对王国维之死悲叹至极，并对自己的女儿说：此公治学方法极新极密，今年仅五十岁，若再延十年，为中国学界发明，当不可限量。

顾颉刚感慨地把王国维的死，与同年 3 月康有为的逝世相比较。他说："康长素先生逝世，我淡然置之。我在学问上受他的影响不亚于静安先生，我既是佩服他，为什么对于他的死倒不觉得悲伤呢？因为他的学问只起了一个头，没有继续加工。所以学术界上的康有为，三十六岁就死了。至于静安先生，确和康氏不同，他是一天比一天进步的。他的大贡献都在三十五岁以后，到近数年愈做愈邃密了，别人禁不住环境的压迫和诱惑，一齐变了节，唯独他还是不厌不倦地工作，成为中国学术界中唯一的重镇。今年他只有五十一岁，假如他能有康氏般的寿命，他的造就真不知道可以多么高。"梁启超和顾颉刚的话，反映了中国学术界对王国维之死的深深遗憾。

王国维的死在海外学术界也引起了震惊，日本学者在大阪市召开王国维先生追忆会，王国维的日本友人、学者纷纷到会追忆或著文写诗凭吊。日文杂志《艺文》1927 年第 8、9 两期全部用来追忆王国维的学术工作。法国学者伯希和也写有多篇文章，向读者介绍王国维的成就。他撰文说：作为王国维的老朋友，我经常提到他的名字，并很多次引用他如此广博而丰富的成果，现代中国从未产生过走得这般前面又涉猎如此丰富的博学者。

王国维自沉昆明湖后的第五天，他生前最敬重的良师益友、儿女亲家罗振玉得知了噩耗。于是，正跟随在溥仪身边谋划投靠日本人的逊清遗老罗振玉，从天津急忙来到北平清华园进行吊唁。同时，他还带来了末代皇帝溥仪的一道“诏书”。

正是由于有了溥仪的这道“诏书”，使王国维之死顺理成章地被认为是“殉清”。特别是在这道“诏书”中，溥仪所提到王国维临终前的“遗章”，也就是后来罗振玉出示的所谓王国维的“遗折”，更加铁证如山，让人百口莫辩。

实际上，王国维的“遗章”是伪造的，罗振玉得知王国维自沉昆明湖后，唆使其子模仿王国维的笔迹，以凄楚哀怨的语气伪造了所谓王国维的“遗章”，以致感动溥仪下了那道“诏书”。后来，溥仪在他的那本自传《我的前半生》中，揭露了这件事情的真相。他说：“王国维死后，社会上曾有一种关于国学大师殉清的传说，这其实是罗振玉做出的文章，而我在不知不觉中，成了这篇文章的合作者。”

王国维自杀后，清朝遗老们也震动不已，溥仪赏两千元为其丧葬费，又赐谥号曰“忠悫”。当时的一些清朝遗老甚至把王国维比作屈原怀忠而自沉汨罗。《清史稿》还为他立了个“忠义传”。

王国维沉湖事件牵动了当时及后世众多学者的诸多情思，

人们纷纷撰文阐述己见，至今聚讼纷纭，莫衷一是。一个学者的死因受到人们如此广泛的重视，真是历来少有的奇事。

流传最广的殉清说

王国维正值“知天命”之年，其学术造诣亦是鼎盛之时。这样一个人，怎么会突然自杀呢？后人的揣测相当多，至今仍未能有一个令人信服的结论。这其中的原因很复杂，既有复杂的社会背景和王国维自身矛盾的性格的因素，也有分析者的立场和意识形态的纠缠。

后世对他的自杀原因臆测，大致分几种：一为“愚忠殉清”说；二为“文化殉节”说；三为“逼债”说；四为“惊惧”说；五为“谏阻”说；等等。

对于王国维的死因，影响最大、流传最广的要数“殉清”说。其最主要的理由有两条：一是辛亥革命后，王国维随罗振玉东渡日本，成了所谓“清朝遗老”，而且至死也没有剪掉作为时代象征的辫子。1923年，他受废帝溥仪征召出任南书房行走，自杀前还托罗振玉将“临终遗折”转交给溥仪以表明心迹。而溥仪正是读了王国维的“临终遗折”后，感到“孤忠耿耿，深恻朕怀”就加封论赏的。当时的一些遗老因此把王国维比作屈原怀忠而自沉汨罗。《清史稿》还为他立了个“忠义传”；而激进的思想家们则指责王国维保皇顽固，为满清完节。

实际上，将王国维自沉之谜导向“殉清”顶峰者，是罗振玉。罗振玉在接到王国维的死讯后，立即代王国维作了一道“临终遗折”，并为王国维请谥赐祭。因为按照清代的则例，二品大臣，身后晋爵一品，读诔赐谥。王国维不过是这个小朝廷中食五品俸的南书房行走，即使在他身后晋爵到了四品，爵也不过上大夫，是没有资格称“公”的。但溥仪在接到王国维的死讯以及罗振玉所代拟的“临终遗折”后，很受感动，立即发了一道“上谕”，说王国维孤忠耿耿，深堪恻悯，加恩谥予忠悫，赏给陀罗经被及两千元。

6 月 19 日，罗振玉在天津日租界公会堂，为王国维另外举行了一次追悼会，宣传王国维的“完节”和“恩遇之隆，为振古所未有”。罗振玉挽联写道：至诚格天，邀数百载所无旷典；孤忠盖代，系三千年垂绝纲常。他声泪俱下，令在场的遗老遗少也不觉为之动容。

但是，王国维“临终遗折”的真实性，始终受到人们的质疑。王国维的弟子赵万里认为，此遗折乃是罗振玉伪造；且遗书中并无一语涉及清王朝及溥仪，也无关于遗折的交代。后来，溥仪在他的回忆录《我的前半生》中说：“这其实是罗振玉做出的文章，而我在不知不觉中，成了这篇文章的合作者。……其实那个表现着‘孤忠耿耿’的遗折，却是假的，它的编造者正是要和死者‘九泉相见’的罗振玉。”

二是王国维留下的遗书，其中最重要的为“五十之年，只欠一死。经此世变，义无再辱”。王国维忠于清室，忠于逊帝，自知复辟难成，大势已去，逊帝行将受辱，他的感情承受不住残酷现实的掊击，已经濒于绝望。早在 1924 年 11 月，溥仪被逐出紫禁城时，王国维就有自杀的意图，只是家人严加看护，才未能得逞。北伐军挥师北上，湖南军政府把叶德辉给枪毙了，同时浙江军政府也没收了章太炎的家产，这使王国维受到巨大刺激。为了避免再次受辱，按照“君辱臣死”的古训，便不如一死了之。

但很多人对遗书能否成为殉清之理由存在疑问，因为王国维并没有叶德辉在湖南组织筹安会那样的劣迹，也不曾发表过鼓吹复辟的言论，更没有参与复辟帝制活动。当溥仪决心依靠日本，以天津为基地进行复辟活动时，王国维已到清华研究院当教授去了，算是"食了周粟"了。

王国维仅仅是留了一条辫子、做过清室的官而已。他此时更多的可能是恐惧，深恐自己也遭受屈辱，故而有"五十之年，只欠一死。经此世变，义无再辱"之绝笔。但其遗书中只交待家事及书籍的安排，丝毫没有涉及前清逊帝及东躲西避的溥仪小朝廷。

应该承认，王国维对清廷是有感情的。1907 年，他经罗振玉引荐，亦入朝为官，"学部总务司行走"，并任学部图书编译局编译，主编译及审定教科书等事。1911 年辛亥革命后，他随罗振玉逃居日本京都，以"前清遗民"处世，而且至死都没有剪掉清朝的辫子。1923 年，他经前清贵族升允举荐，居然当了清逊帝溥仪的"南书房行走"，还"食五品俸"。冯玉祥发动北京政变，驱逐溥仪出宫，他引为奇耻大辱，曾愤而与罗振玉等前清遗老相约投神武门御河殉清。有学者认为"王国维是保皇派，他终其一生都是尽忠于清朝皇帝的……对于历史发展的必然结局，他不敢设想，最后只能用自杀来结束他的一生"。

但是，这样激进的看法是值得斟酌的。为什么王国维 1924 年经此"驱清之辱"都没有去死，而要在三年之后才去死呢？"殉清说"显然难以说得通。

文化殉节说

王国维自殉于文化信念，是国学大师陈寅恪教授的判断。

实际上，陈寅恪的观点前后有很大的变化。他起初在悼诗中认为王国维之死旨在殉清，“敢将私谊哭斯人，文化神州丧一身。越甲未应公独耻，湘累宁与俗同尘？吾侪所学关天意，并世相知妒道真。赢得大清干净水，年年呜咽说灵均。”他随后深入思量，认为殉清说“局于一时间一地域”，并没有了解其平生的志向，不足以彰显王国维的精神境界。陈寅恪于是改造前说，作出新的推断和进一步的发挥。王国维素以学术为性命，他的死旨在殉中华传统文化。

陈寅恪在《王观堂先生挽词序》中写道：“凡一种文化值衰落之时，为此文化所化之人，必感苦艰；其表现此文化之程度愈宏，则其所受之苦痛亦愈甚；迨既达极深之度，殆非出于自杀无以求一己之心安而义尽也。……盖今日之赤县神州值数千年未有之巨劫奇变；劫尽变穷，则此文化精神凝集之人，安得不与之共命运而同尽，此观堂先生所以不得不死，遂为天下后世所极哀而深惜者也。至于流俗恩怨荣辱委琐龌龊之说，皆不足置辩，故亦不之及云。”

他在《清华学校王观堂先生纪念碑铭》中更是迈进了一大步，彻底颠覆了殉清说。他判定王国维并非为殉清而死，“非所论于一人之恩怨，一姓之兴亡”，乃是为确保其独立自由之意志不遭践踏而死。其云：“思想而不自由，毋宁死耳。斯古今仁圣所同殉之精义，夫岂庸鄙之敢望?！先生以一死见其独立自由之意志，非所论于一人之恩怨，一姓之兴亡。”

从精神深处分析王国维自尽的根源——“思想而不自由，毋宁死耳”，陈寅恪颇得要领，很有见识。王国维屡经世变，眼看诗书弃如土苴，冠裳沦为禽兽，却无力振颓流于万一，展抱负于少顷，思想不得自由，精神无法独立，于是愤而投水，毅然断绝外缘的纷扰和威胁。这样的解释似乎是顺理成章的。

梁启超在王国维墓前的演讲中，也称王国维的自杀“完全代表中国学者‘不降其志，不辱其生’的精神”，不能把自杀看成是一种怯懦的行为。

虽然梁启超用商周之际的伯夷、叔齐来比照王国维，容易为持“殉清说”者所利用，但客观地说，他对王国维之死的说法很接近于陈寅恪的文化殉节说。但这种说法，也并不能使人完全信服。

即使按陈寅恪所言，王国维所殉为抽象之理念，但他又说，这抽象之理念不能不有所依附。正是在这种依附中，“君为李煜亦期之以刘秀；……友为郦寄亦待之以鲍叔”，缘何王国维不能将溥仪视为以康熙呢？

实际上，自殉于文化信念说，只是陈寅恪本人的思想意志而已，与王国维的死因并无多少关联。可以视为活着的人们寄托怀抱、投射自身心迹的需要在起作用而已。

罗振玉逼迫说

王国维的一生，受罗振玉之惠最多。比如，1901 年受罗资助赴日本留学；1902 年王国维因病从日本归国，又在罗振玉推荐下执教于南通江苏师范学校，讲授哲学、心理学、伦理学等。1906 年随罗振玉入京，经罗推荐，任清廷学部总务司行走。罗振玉甚至将自己的女儿嫁王国维长子王潜明，两人结为儿女亲家，关系确实非同寻常。

持因罗振玉逼迫而致王国维自杀说的理由，主要有两个：

其一是郭沫若所提出的逼债说。郭沫若认为，王国维之死并不是忠于前朝，而是别有死因的，他的死，实际上是受了罗振玉的逼迫。详细的情形虽然不十分知道，大体的经过是这样的，罗振玉在天津开书店，王国维之子参与其事，大折其本。罗氏竟大不满于王氏，王之媳乃罗之女，竟因而大归。这很伤王国维的情谊，所以逼得他走上了自杀之路。

其二是溥仪提出的债务说。据溥仪晚年透露，清帝内务府大臣绍英托王国维代售一批字画。罗振玉得知后，从王国维手中把字画要了去，说可以替他卖，但卖后罗氏把所得的一千多元扣留，作为王氏应还罗振玉的债务，致使王国维无法面对绍英的催促，因而自尽。

但这两条理由多是主观推测出来的，缺乏确凿的证据。而罗振玉因出仕伪满、盗卖国宝，一直口碑很坏，很多人更加相信是罗振玉将王国维逼死的。

史达在他所撰《王静安先生致死真因》一文中说：罗振玉本是个假借学问虚名来骗人的大滑头，他专以贩运中国古籍出洋及造作假古董弄钱为业。这样的人，品节如何也就可揣而知，不幸王国维正在他做苏州师范学堂监督时去担任教课，于是被他拉拢着做他学问上的工具。

他进而说王国维是由罗振玉逼死的："原来罗女本是王先生的子妇，去年王子病死，罗振玉便把女儿接归，声言不能与姑嫜共处。可是在母家守节，不能不有代价，因强令王家每年拿出两千块钱交给罗女，作为津贴。王先生晚年丧子，精神创伤，已属难堪，又加这样地要索，这经济的责任更难担负了。可是罗振玉犹未甘心，便放了一枝致命的毒箭。从前他们同在日本，曾合资做过一趟生意，结果大大赚钱，王先生的名下便分到一万多。但这钱并未支取，即放在罗振玉处作为存款。近来罗振玉忽发奇想，又去兜搭王先生再做一趟生意，便把这存款下注作本。王先生素不讲究这些治生之术的，当然由得他摆布。不料大折其本，不但把这万多块钱的存款一股脑儿丢掉而且还背了不少的债务。罗振玉又很慷慨地对他说：‘这亏空的分儿你可暂不拿出，只按月拨付利息好了。’这利息究要多少？刚刚把王先生清华所得的薪水吃过，还须欠些。那么一来，把个王先生直急得又惊又愤，冷了半截，试问他如何不萌短见？这一枝毒箭，便是王先生送命的近因。”

周君适的《伪满宫廷杂忆》，也相信这个说法。他回忆说：王国维殉清的消息，在遗老中正闹得热火朝天的时候，忽然跳出一个煞风景的郑孝胥，把罗振玉如何索债逼死王国维的事实真相全盘揭露出来，大家这才恍然大悟，原来如此。但是事情闹得太大了，大家都曾经受过骗，帮过腔，收不了棚，只好偃旗息鼓，避而不谈。

甚至有人将王国维当“遗老”也完全归罪于罗振玉，如顾颉刚说“罗氏喜欢矫情饰智，欺世盗名。有意借了遗老一块牌子来图自己的名利，他在这个环境之中，也就难以自脱，成了一个‘遗而不老’的遗老了。等到成了遗老，骑虎难下，为维持自己的面子起见，不得不硬挺到底了”。

这些说法明显带有浓厚的情绪，完全抹杀了罗振玉对于王国维当初的帮助提携之功，同时也把王氏看成一个毫无主见的傀儡式的人物，显然是对其内心世界缺乏深入的了解。

王国维学术旨趣的转变，既有当时地下新发现的刺激，更是他“智与情兼胜的禀赋”和“追求理想的执着精神”内在原因的促成。王国维的学术研究虽然贯通中西，但其政治思想上的保守性也是明显的。

悲观厌世说

悲观厌世说，是周作人对王国维之死的解释。

周作人在《偶感之二》中写道："王君以头脑清晰的学者而去做遗老弄经学，结果是思想的冲突与精神的苦闷，这或者是自杀——至少也是悲观的主因……以王君这样理知发达的人，不会不发现自己生活的矛盾与工作的偏颇，或者简直这都与他的趣味倾向相反而感到一种苦闷……徒以情势牵连，莫能解脱，终至进退维谷，不能不出于破灭这一途了。"

仔细想来，周氏之论不能说没有一点道理。王国维天性忧郁悲观，自称"体质羸弱，性复忧郁"，早年深受叔本华思想中的悲观色彩的影响。同时，王国维体质瘦弱，面部苍黄，鼻架玳瑁眼镜，乍一看去，就像是六十岁的衰翁，乱世的种种怪象、险象、恶象和凶象，使他的厌世思想牢不可拔。他早年写《红楼梦评论》时，深受叔本华悲观哲学的影响，已露出厌世的端倪，视人生之过程无时无处不有苦痛，并认定人生苦痛与世界文化俱增，永无解脱之日。因此，他认为解脱之途有二：一存于观他人之苦痛，一存于觉自己之苦痛。然前者之解脱，唯非常之人为能，其高百倍于后者，而其难亦百倍。但由其成功观之，则二者一也。通常之人，其解脱由于苦痛之阅历，而不由于苦痛之知识。唯非常之人，由非常之知力而洞观宇宙人生之本质，始知生活与苦痛之不能相离，由是求绝其生活之欲而得解脱之道。

王国维青年时期患下的脚气病，导致肌肉萎缩、步态失常，并严重影响视神经。他晚年的高度近视，实乃脚气病暗中作祟所致。他死前数月，又染上了肺结核，一度咯血。疾病的折磨，使他对人生更加悲观。既观苦痛，又觉苦痛，王国维自然更要求取解脱之方——自杀。

但对此说表示怀疑者指出，尽管自杀是寻求解脱的方式，但王国维本人并不将自杀看作是解脱的良方。因为王国维曾明确说："解脱之道，存于出世，而不存于自杀。"但王国维还是选择了自杀。这说明其中必有其不可化解之症结。

有人进而用现代心理学方法作精神分析之后，认为王国维患上抑郁症，其悲观的、偏执的性格，导致了他的投水自杀。王国维属于典型的内向型、抑郁型气质。他的自尊心极强，个性清高而倔强，不愿受到一点侮辱。他最看重人格的尊严，具有传统士大夫那种"士可杀不可辱"的风骨，时刻保持着独立人格、思想自由。他在自杀前，对于姻亲和门生所说出的两段话，颇值得后人重视。

他对姻亲罗振玉说："以当受者而不受，又何以处不当受者？是蔑视他人人格也。蔑视他人人格，于自己人格亦复有损。"由此罗王姻亲居然绝交！从这里可以看出，王国维坚持的原则是要求人格的尊严。

在自杀前夕，他还对门生姜亮夫说："我总不想再受辱，我受不得一点辱！"就是最终表明心志：士可杀不可辱！

上述两段材料综合来看，士大夫"士可杀不可辱"的风骨，在王国维身上得到了集中体现。

王国维除了自身的气质、性格因素以外，自幼家庭不幸，如幼年丧母、中年丧妻、晚年丧子，人生三大厄运都降临到他的头上，从而造成他的精神创伤。尤其是一年前长子因医疗事故而病逝、时局动荡不安、环境的种种压力，以及罗振玉侮辱性的绝交，对于王国维内心的打击是毁灭性的。这些因素交互作用，终于酿成了一代宗师赴水自沉的悲剧。

王国维之死，的确不能以俗眼观之。其最终的自杀，当自杀于精神之寄托与慰藉的无可指望。王东明说：父亲一生是个悲观的文人，他的死亦如他的诗有着孤寂之怆美——最是人间留不住，朱颜辞镜花辞树。

1929 年 6 月 3 日，王国维逝世两周年忌日。此时的清华国学研究院决定停办，该院师生为纪念这位学术大师，募款修造了王国维纪念碑。碑式为梁思成所拟，林志钧书丹，马衡篆额。陈寅恪撰写的碑铭，语意深长，为一时之杰作。其文曰：

> 海宁王先生自沉后二年，清华研究院同人咸怀思不能自已。其弟子受先生之陶冶煦育者有年，尤思有以永其念，佥曰宜铭之贞珉，以昭示于无竟。因以刻石之辞命寅恪，数辞不获已，谨举先生之志事以普告天下后世。其词曰：士之读书治学，盖将以脱心志于俗谛之桎梏，真理因得以发扬。思想而不自由，毋宁死耳。斯古今仁圣所同殉之精义，夫岂庸鄙之敢望?!先生以一死见其独立自由之意志，非所论于一人之恩怨，一姓之兴亡。呜呼！树兹石于讲舍，系哀思而不忘；表哲人之奇节，诉真宰之茫茫，来世不可知者也。先生之著述，或有时而不章；先生之学说，或有时而可商；惟此独立之精神，自由之思想，历千万祀，与天壤而同久，共三光而永光。

至今仍耸立在清华园中的这座纪念碑，成为近代中国学术文化之标志性丰碑。“独立之精神，自由之思想”，正是一代学术大师的风骨所在，也是对这位学术大师一生所作的盖棺之论。

结语：鲜明的治学特色

王国维是近代中国的学术大师，一生所涉及的学术领域很多，举凡文学、哲学、美学、教育学、古文字学、文献学以及历史学的先秦史、秦汉史、魏晋南北朝史、蒙元史、西北史地等都有所涉猎和研究并作出了杰出贡献，形成了自己鲜明的治学特色。

宋人朱熹咏道："问渠哪得清如许，为有源头活水来。"人们在艳羡王国维杰出成就的同时，必须对王氏之学的大本大原进行探究。

王国维治学的特色，体现为圆融中西学术而又为我所用。乾嘉学派从事历史研究时，更多地是"为考据而考据"，并不作史学理论的梳理与阐释，也不敢表白他们对现实的关心，更谈不上文化上终极关怀的追求。因此，他们更多地是固守传统小学的研究路数，如文字、音韵、训诂、版本、目录等。兼之他们囿于时代的局限，根本谈不上援引西学和圆融中西学术。

王国维所处的时代，是新旧史学交替嬗变的时代，是西学涌入中国国门的时代；就此而言，任何学术研究上的故步自封者、驻足不前者，任何面对西学的闭关自守者、盲目拒斥排外者，都将是时代的落伍者和残缺不全者。王国维曾至日本游学，接触和研究过西学与新学，兼之他本人又通晓几门外语，而这些都是治学的利器。对于中学和西学，王国维有着清醒而理性的认识，很早就认识到“异日发明光大我国之学术者，必在精通世界学术之人，而不在一孔之陋儒”。如果不对传统学术进行改造和革新，而一味坚持“中国自中国、西洋自西洋”的顽固态度，将无助于传统学术的发展。因此主张消化吸纳西学，力求圆融中西学术以为我所用。

王国维治学，注重微观层面的专深研究。他学术个性倾向于从具体的角度去观察、研究局部的细节，因此，他往往将注意力集中于考察个别的历史人物、个别的古代器物、几条独立的历史材料。他着眼大处，从宏大处立脚，而从精微处着力，具有科学大家的素养，善于创新，而又极为严谨正直，一丝不苟。王国维是中国最早受西方实证主义影响的学者之一，功力深厚，并且早年有乾嘉考据学素养。他将两者有机地相结合起来，既注重扩大史料范围，又善于作严谨的考证；既从大处着眼，不流于烦琐，又胜任于细致的个别研究。这是王国维新考证学的基本特色。

王国维治学的另一突出特点，是重视发现新材料，由此研究新学问。他自觉地将物质与经籍，证成一片，从新发现的史料中，开辟出新的研究境界。从晚清到民国初年，中国发现了大量物质的新材料，如殷契甲骨文字、敦煌塞上及西域各地之简牍（亦称流沙坠简）、敦煌千佛洞之六朝唐人所书卷轴、内阁大库之书籍档案、中国境内之古外族遗文（如西夏文、蒙文等）。这些材料发现之后，王国维全力投入了独立研究，以后发展为举世瞩目的甲骨学、敦煌学、简牍学。王国维在这些领域的研究，开拓并建设了有关的学科领域，取得了学术上的领先地位。

清末民初的学术界，人才济济，国学西学兼通者并不止王国维一人，单以国学研究而论，王国维甚至不占什么特殊地位。但为什么是王国维完成了中国近代史学的新陈代谢？

如果将王国维与当时学术界有相当影响的大学者如康有为、梁启超、章太炎、罗振玉等人相比较，或许我们更能清楚地看出王国维的治学特点和突出贡献来。

康有为是晚清时期公认的今文学大师，影响近代政治学术数十年，但其学说以宣扬“张三世”为主，罕及古文字学，因而不能研究新出土的甲骨文字。当时更令学界瞩目的是康门高弟梁启超。梁氏是近代学术史上一位多产的学术大师。虽其在经学上从属乃师，并无突出贡献，但在史学上却注重宏大会通，积极吸收近代西方新思想，开创了一代史学研究新风气。然而，梁启超虽天性聪明而事多骛博，难作细致深微的研究工作，对新出土的甲骨文未给予应有的关注。

章太炎是近代中国最著名的国学大师，学问广博精深，不在王国维之下。他师承晚清古文经学大师俞樾，学脉直承戴、段、二王，被誉为清代古文经学的殿军。古文经学重视小学，章太炎在这方面造诣尤深，超迈前贤。然而，作为一代古文经学大师，他囿于门户之见，痛斥今文经学，这使得他很难接纳学术新知，更不能忍受《说文解字》系统外的甲骨文字。章太炎具有如此卓越的国学及西学乃至梵学修养，却遗憾地与新出土的甲骨文错肩而过，未能依据地下出土的新史料推进精深的学术研究。

罗振玉是王国维的学术引路人，对王氏学术影响极大。他本人学问也相当精博，精通小学，有相当深厚的考据学根基，但缺乏沉稳持恒的精神，对学术以外的东西显得更感兴趣，如政治、商业，因而为时人所鄙视。由于多方面因素所限，罗振玉成就显然不及王国维，难以达到王国维那样的研究深度。

与康有为、梁启超、章太炎及罗振玉相较，王国维不仅精通国学，而且通晓西学，并有意识地开辟现代学术的新途径。其古史研究，实际上是西方实证主义、科学精神和乾嘉考据学相结合的产物。对此，顾颉刚曾中肯地说："我对于他的学问，不承认他是旧学，承认他是新创的中国古史学。他在古史学上，和崔东壁康长素诸家的不同之点，崔康们是破坏伪的古史，而他是建设真的古史。"

在国学方面，王国维根基深厚，继承并发展了清代考据学，在经史小学诸方面均有突出成就。他治经兼取今古文，治小学兼顾《说文》与甲骨文金文，治史涉及辽金蒙元，治文学不废俚俗文学，学术视野之广，分析问题之精，研究考据之密，当时学界几乎无人可比。在西学方面，王国维对哲学、文学乃至理学均有深入研究，是当时中国西学修养最高深的学者，为人激赏。

更为重要的是，王国维是一位纯粹的学者，注重从纯学理上吸收新知，又用力最勤，所以成就自然突出。钱锺书曾称赞说："老辈惟王静安，少作时露西学义谛，庶几水中之盐味，而非眼里之金屑。"

王国维虚心好学，治学态度缜密而严格，结识了国内外许多著名学者，如法国汉学家伯希和、沙畹博士，日本著名学者藤田丰八、内藤虎次郎、狩野直喜、富田谦藏等，以及中国著名学者罗振玉、沈曾植、柯劭忞、张尔田等，与他们交流研究成果，探讨切磋学问，颇受其启导和鼓励。王国维的学术成就，使他在国际、国内学术界都得到了极高声誉。

在此，我们可以用日本著名学者狩野直喜对王国维的评价，作为结束语。他说："作为一个学者，王君伟大卓越之处，我想是凡中国的老一辈大儒才能做的事，他都做得到。晚年他绝对不提自己会外文，可是因为他研究过外国学问，他的学术研究方法比以往的中国大儒更加可靠。也就是说，他对西洋科学研究法理解很深，并把它利用来研究中国的学问，这是作为学者的王君的卓越之处。当今中国，因受西洋学问的影响而在中国学中提出新见解的学者决非少数，可是这种新涌现的学者往往在中国学基础的经学方面根柢不坚、学殖不厚，而传统的学者虽说知识渊博，因为不通最新的学术方法，在精巧的表达方面往往无法让世界学者接受。也就是说，他们的表述不太好领会。而王君既没这二者的毛病，又兼有两者的优点，这确实是罕见。"这样的评价，是全面而公允的。

附　录

年　谱

1877 年（光绪三年）　12 月 3 日（农历十月二十九日），生于浙江省海宁州城（今海宁市盐官镇）双仁巷旧宅。

1886 年（光绪十二年）　全家迁居城内西南隅周家兜新宅，此处后成为王国维故居纪念馆。

1892 年（光绪十八年）　7 月，入州学，参加海宁州岁试，以第 21 名中秀才。少年时代被誉为“海宁四才子”之一。

1893 年（光绪十九年）　3 月，赴省城杭州应乡试不中，肄业于杭州崇文书院。

1895 年（光绪二十一年）　11 月，与莫氏成婚。

1897 年（光绪二十三年）　9 月，赴杭州再次参加乡试，不中。从 1895 年至此，撰成《咏史》诗 20 首，1928 年始发表于《学衡》第 66 期。年底，与同乡张英甫等谋创海宁师范学堂。

1898 年（光绪二十四年）　2 月，至上海任《时务报》书记。结识罗振玉。

1899 年（光绪二十五年）　任东文学社学监。始知汗德（即康德）、叔本华，并萌生研治西洋哲学之念。是年，河南安阳小屯发现殷商甲骨文。

1900 年（光绪二十六年）　庚子事变发生后，提前毕业返里，自习英文。年底，由罗氏资助，东渡日本东京物理学校习数理。

1901 年（光绪二十七年）　春，在日本东京物理学校留学，半年后归国，协助罗振玉编辑《教育世界》杂志，此后，其哲学及文学方面的撰述常刊载于此。

1902年（光绪二十八年） 春，始读社会学、心理学、伦理学、哲学等书，关注人生问题。夏，张謇在南通创办通州师范学堂，欲聘一位心理学、哲学、伦理学教员。经罗振玉推荐，王氏答应任教一年。

1903年（光绪二十九年） 3月，应聘至通州师范学堂任教，开始通读叔本华、康德之书。

1904年（光绪三十年） 代罗振玉任《教育世界》主编。8月，罗氏在苏州创办江苏师范学堂，王氏来校任教，仍钻研叔本华思想，并深受其影响。

1905年（光绪三十一年） 仍致力于研读康德哲学。9月，他将甲辰（1904）年以来刊于《教育世界》的12篇文章辑为《静安文集》刊行，并附古今体诗50首，名《静安诗稿》。

1906年（光绪三十二年） 春，随罗振玉进京，暂住罗家。并将集数年间所填词61阕成《人间词甲稿》刊行。8月，其父王乃誉病故，奔丧归里，并为之守制。

1907年（光绪三十三年） 4月，自海宁返京。不久，经罗振玉引荐，得在学部总务司行走，任学部图书编译局编译，主编译及审定教科书等事。7、8月，因夫人莫氏病亡而归省，事毕即返京。11月，汇集1906年5月至1907年10月间所填词43阕，成《人间词乙稿》。

1908年（光绪三十四年） 年初，太夫人病故，奔丧返里。3月，与继室潘夫人完婚，并携眷北上返京，赁屋于宣武门内新帘子胡同。7月，辑《唐五代二十家词辑》20卷，又辑《南唐二主词》。8月，撰《词录》及《词录序例》，搜集词目，自宋迄元，存佚并录，且作考订。11月，在《国粹学报》刊出《人间词话》前21则，提出“境界”说。

1909年（宣统元年） 年初，撰《罗懋登注拜月亭跋》，并在《国粹学报》第49期、第50期刊载《人间词话》第23则至64则。10月29日，学部奏设编定名词馆，严复任总纂，王氏任名词馆协修。

1910年（宣统二年） 校《录鬼簿》，并将已刊《人间词话》64则进行修订，并加附记。

1911 年（宣统三年） 为罗振玉创办之《国学丛刊》作序，提出“学无新旧、无中西、无有用无用”主张。他先后点校《梦溪笔谈》《容斋随笔》《酒边集》《宾退录》《大唐六典》，并作跋。10 月 10 日武昌起义爆发，12 月，全家随罗振玉避居日本，居京都田中村，侨居日本达五年之久。从此，其治学转而专攻经史小学。

1912 年 罗振玉藏书运抵日本，存京都大学，王氏与其一同整理，并与日本学者相过从，专攻古史。

1913 年 春，撰成《宋元戏曲考》，并作序。5 月，集 1912 年和 1913 年所作诗成《壬癸集》，着手草《明堂寝庙通考》。9 月，编辑《齐鲁封泥集存》并作序。

1914 年 2 月，与罗振玉合撰《流沙坠简》，并为之作序，此为近代关于西北古地理的第一部著作。4 月又作《流沙坠简后序》，又成《补遗》一卷，附于书后。6 月，代罗振玉撰《国学丛刊序》（后易名为《雪堂丛刊》）。

1915 年 3 月中旬，携眷返国扫墓，4 月中旬，经罗振玉介绍，与沈曾植相识于上海。下旬，携长子随罗振玉往日本。

1916 年 决定春节后返国，《国学丛刊》停刊。2 月，携长子回到上海，应哈同之聘，主持《学术丛编》。

1917 年 1 月下旬，受罗振玉之招至日本，2 月归国后始草《殷卜辞中所见先公先王考》，3 月成《太史公年谱》，并酝酿《殷卜辞中所见先公先王续考》及序。4 月，返海宁扫墓。

1918 年 自本年起，任仓圣明智大学经学教授，并撰《经学概论讲义》。两次辞谢北京大学邀任教授之聘。9 月，日本京都大学教授欲延其赴校任教，亦婉言谢绝。

1919 年 4 月，罗振玉携眷归国，与王氏会于上海。法国汉学家伯希和在上海与罗、王会见，商谈学术。秋，因脚气病发作，赴天津罗振玉处养病，11 月初始返沪，并接受《浙江通志》聘约，与张尔田共同负责寓贤、掌故、杂记、仙释、封爵五门的撰述，并似作《宋元浙本考》。

1920 年　继续为蒋氏编藏书志，并校阅多种古籍。

1921 年　年初，马衡受北京大学委托，再次来书邀王氏出任北大文科教授，为其所拒。5 月，将数年间所写经史论文，删繁挹华，集成《观堂集林》20 卷，由乌程蒋氏出资刊行。

1922 年　年初，允任北京大学研究所国学门通信导师，但以“无事而食，深所不安”为由拒受酬金。他致书马衡，询以研究科章程、研究生人数、研究项目等事，并为北京大学研究所国学门拟就《研究发题》寄沈兼士。

1923 年　寒假，仓圣明智大学解散，所任《学术丛刊》编辑及该校教授至此结束。2 月下旬，返海宁故里。4 月 16 日，受命任逊帝溥仪“南书房行走”。5 月，离沪取海道北上入京，6 月 1 日，觐见溥仪。11 月，受溥仪之命清理景阳宫等处藏书。

1924 年　3 月，伯希和寄来《秦妇吟》全卷影印本，王氏取与另本相校，作《唐写本韦庄秦妇吟又跋》，撰《论政学疏》，作《聚珍本戴校水经注跋》。4 月，与蒋汝藻书，言及北京大学友人欲请其出任国学门研究室主任，而自己不愿就任。9 月，罗振玉入直南斋，至京，住王氏家，后又与罗氏共检理内府藏书。11 月，冯玉祥部逼宫，命溥仪迁出紫禁城，王氏随驾前后。

1925 年　2 月，清华委任吴宓筹办研究院，并拟聘王氏为导师。在请示溥仪后就任，此后治学转入西北地理及元史。4 月 18 日，移居清华园之西院。研究院同时还聘请梁启超、陈寅恪、赵元任为导师，称清华四大教授。暑期，应学生会邀请向留校学生讲演《最近二三十年中中国发现之学问》。9 月 8 日，清华国学研究院举办第一次教务会议，与梁启超、赵元任、李济到会，公布各教授普通演讲的讲题与指导研究学科的范围。9 月 14 日，国学研究院普通演讲正式开始，讲《古史新证》，10 月 15 日后加授《尚书》课程。

1926 年　2 月 21 日，赴天津为溥仪祝寿。4 月 26 日，清华学校批准将其《蒙古史料四种校注》印行。7 月 26 日，为燕京大学校讲演《中国历代之尺度》。9 月上旬，研究院新学年开学，每周讲演《仪礼》2 小时，《说文》1 小时；指导研究学科范围为：（1）经学（含《书》《礼》《诗》）；（2）小学（含训诂、古文字学、古音韵学）；（3）上古史；（4）金石学；（5）中国文学。10 月，因长子病逝，与罗振玉发生误会。11 月下旬，为北京大学历史学会讲演《宋代之金石学》。

1927 年　5 月 12 日，出席清华史学会成立会并致辞。6 月 2 日上午，告别清华园，到颐和园内的鱼藻轩前，自沉于昆明湖。6 月 3 日，尸体入殓。7 日，罗振玉来京为其经营丧事，16 日举办悼祭。8 月 14 日，安葬于清华园东二里许西柳村七间房之原。

主要著作

1897 年，撰成《咏史》诗二十首。

1898 年，撰《曲品新传奇品跋》、《杂诗》三首、《〈欧罗巴通史〉序》，译《势力不灭论》《农事会要》。

1901 年，撰《崇正讲舍碑记略》，译《教育学》《算术条目及教授法》。

1902 年，译《教育学教科书》。

1903 年，撰《哲学辨惑》《论教育之宗旨》《叔本华像赞》《汗德像赞》，译《西洋伦理学史要》。

1904 年，撰《孔子之美育主义》《就伦理学上之二元论》《尼采之教育观》《叔本华之遗传说》《教育偶感二则》《汗德之哲学说》《汗德像赞》《叔本华之哲学及其教育学说》《国朝汉学派戴阮二家之哲学说》《红楼梦评论》《书叔本华遗传说后》《叔本华与尼采》《释理》。

1905 年，辑《静安文集》刊印，撰《周秦诸子之名学》《子思之学说》《孟子之学说》《荀子之学说》《论近年之学术界》《论新学语之输入》《论哲学家及美术家之天职》《论平凡之教育主义》《静安文集自序》。

1906 年，辑《人间词甲稿》，撰《教育小言十二则》《奏定经学科大学文学科大学章程书后》《教育家之希尔列尔传》《德国哲学大家汗德传》

《墨子之学说》《老子之学说》《汗德之伦理学及宗教论》《原命》《去毒篇》《孟子之伦理思想一斑》《列子之学说》《论普及教育之根本办法》《教育小言十则》《文学小言十七则》《屈子文学之精神》。

1907年，辑《人间词乙稿》，撰《教育小言十三则》《人间嗜好之研究》《三十自序一、二》《论小学校唱歌科之材料》《教育小言十则》《书辜氏汤生英译〈中庸〉后》《孔子之学说》。

1908年，辑《唐五代二十家词辑》《南唐二主词》《曲录》初稿二卷，撰《词录》《词录序例》，撰《〈词林万选〉跋》《曲品新传奇品跋》，译著《辨学》一书刊出。

1909年，撰《罗懋登注拜月亭跋》《戏曲考源》《宋大曲考》《录曲余谈》《曲调源流表》。

1910年，译《教育心理学》由学部图书编译局排印出版。

1911年，校《梦溪笔谈》《容斋随笔》《酒边集》《宾退录》，并分别作跋，将近几年所作校书题跋集成《庚辛之间读书记》。

1912年，撰《简牍检署考》《双溪诗余跋》《古剧脚色考》。

1913年，辑《齐鲁封泥集存》，撰《宋元戏曲史》（后易名为《宋元戏曲考》）及《明堂寝庙通考》《释币》《唐写本兔园册府残卷跋》《秦郡考》《汉郡考》《两汉魏晋乡亭考》。

1914年，与罗振玉合撰《流沙坠简》，并为之作序；撰《国朝金文著录表》，为罗振玉撰《殷虚书契考释》校写，并作序和后序。

1915年，撰《鬼方昆夷玁狁考》《不期敦盖铭考释》《三代地理小记》《说商》《说亳》《胡服考》《元刊杂剧三十种序录》《古礼器略说》《生霸死霸考》。

1916年，撰《史籀篇疏证》及序、《流沙坠简考释补证》及序、《周书·顾命考》及序，以及《国学丛编序》《殷礼征文》《释史》《乐诗考略》《毛公鼎考释》《魏石经考》《汉魏博士考》《汉代古文考》《彊村校词图序》《元秘书监志跋》《隋志跋》。

1917年，撰《殷卜辞中所见先公先王考》《殷卜辞中所见先公先王续考》《古要竹书纪年辑校》《殷文存序》《乡饮礼席次图》《周代金石文韵读》《唐韵别考》《殷周制度论》《商三句兵跋》《韵学余说》《江氏音学跋》《五声说》。

1918年，撰《校松江本急就篇》《随庵吉金图序》《续声韵考》。

1919年，撰《书郭注方言后》《书尔雅郭注后》《书契后编》上卷释文，《齐侯二壶跋》《沈乙庵先生七十寿序》《九姓回鹘可汗碑跋》《重校定和林金石录》《九姓回鹘可汗碑图记》《摩尼教流行中国考》《敦煌石室碎金跋尾》《西胡考》及《续考》《西域井渠考》《曹夫人绘观音菩萨像跋》《于阗公主供养地藏王菩萨画像跋》等。

1920年，撰《周玉刀考》《顾刻广韵跋》《敦煌发现唐朝之通俗诗及通俗小说》《残宋本三国志跋》《魏曹望憘造象跋》《影宋本孟子音义跋》。

1921年，辑成《观堂集林》二十卷，由乌程蒋氏出资刊行。

1922年，撰《两浙古刊本考》及序、《五代两宋监本考》，并校《水经注》。

1923年，《观堂集林》二十卷样本印成。

1924年，撰《明内阁藏书目录跋》《散氏盘考释》《金文编序》《吴王夫差监跋》。

1925年，撰《鞑靼考》《元朝秘史地名索引》《蒙文元朝秘史跋》。

1926年，撰《黑鞑事跋》《圣武亲征录校注序》《耶律文正年谱余记》《黑鞑事略序》，出版《蒙古史料四种校注》。

1927年，撰《南宋人所传蒙古史料考》《元朝秘史之主因亦儿坚考》《金长城考》《水经注笺跋》及《清华学校研究院讲义》。

1927年，编成《海宁王忠悫公遗书》四集刊印；1940年，由赵万里、王国华合编之《王静安先生遗书》刊行；1983年上海古籍出版社又据此刊本影印，名为《王国维遗书》；1984年，中华书局出版《王国维全集》。

参考书目

1. 刘寅生、刘英光编：《王国维全集》，中华书局，1984年。

2. 姚淦铭、王燕编：《王国维文集》，中国文史出版社，1997 年。

3. 陈平原：《追忆王国维》，中国广播电视出版社，1997 年。

4. 陈鸿祥：《王国维传》，人民出版社，2004 年。

5. 陈鸿祥：《王国维年谱》，齐鲁书社，1991 年。

6. 陈同：《王国维——悲情学人》，上海教育出版社，2000 年。

7. 刘恒：《王国维评传》，百花洲文艺出版社，1996 年。

8. 陈铭：《潮落潮生——王国维传》，杭州出版社，2004 年。

9. 刘克苏：《失行孤雁——王国维别传》，人民文学出版，社 1999 年。

10. 钱剑平：《一代学人王国维》，上海人民出版社，2002 年。

11. 温儒敏：《中国近代文学批评史》，北京大学出版社，1993 年。

12. 周一平、沈茶英：《中西学术交汇与王国维学术成就》，学林出版社，1999 年。

13. 罗继祖主编：《王国维之死》，广东教育出版社，1999 年。

14. 窦忠如：《王国维传》，百花文艺出版社，2007 年。

15. 鲁西奇、陈勤奋：《纯粹的学者王国维》，湖北教育出版社，1999 年。

16. 叶嘉莹：《王国维及其文学批评》，河北教育出版社，1997 年。

17. 萧艾：《王国维评传》，浙江文艺出版社，1983 年。

18. 雷绍锋：《王国维读书生涯》，长江文艺出版社，1997 年。

19. 张连科：《王国维与罗振玉》，天津人民出版社，2002 年。

20. 袁英光：《新史学的开山——王国维评传》，上海人民出版社，1999 年。

21. 袁英光、刘寅生：《王国维年谱长编》，天津人民出版社，1996 年。

22. 袁英光选编：《王国维学术研究论集》，华东师范大学出版社，1983 年。

23. 孙敦恒：《王国维年谱新编》，中国文史出版社，1991 年。

24. 朱传誉主编：《王国维传记资料》，台北天一出版社，1985 年。

25. 祖保泉、张晓云编：《王国维与人间词话》，上海古籍出版社，1990 年。